MUJERES
E
IGLESIA

MUJERES E IGLESIA

SEXUALIDAD Y ABORTO
EN AMERICA LATINA

Edición: Ana María Portugal

CATHOLICS FOR A FREE CHOICE, USA

DISTRIBUCIONES FONTAMARA, S.A., MEXICO

CATHOLICS FOR A FREE CHOICE--USA
DISTRIBUCIONES FONTAMARA, S.A.--MEXICO
Edición a cargo de Ana María Portugal
Diseño de tapa: JANDS, Inc.
Coordinación de producción: Sarita Hudson

Catholics for a Free Choice
1436 U St. NW, Suite 301
Washington, D.C. 20009

Católicas por el Derecho a Decidir
C. C. Central 1326
Montevideo, Uruguay

Distribuciones Fontamara, S.A.
Av. Hidalgo No.47-8
Col. Coyoacan, México, D.F.
México

ISBN 0-915365-15-4
Library of Congress Catalog Card Number: 89-61417

CONTENIDO

PRESENTACION

Este libro es el producto de más de un encuentro. Es el resultado de coincidencias, porque nace de la necesidad de poner en la agenda feminista de América Latina controversiales asuntos como el aborto.

En mayo de 1988, siete mujeres, seis latinoamericanas y una norteamericana, (algunas de ellas activistas del movimiento feminista), se reunieron en la histórica y colonial ciudad de Popayán, Cali, Colombia, para discutir la publicación de un libro que reuniera reflexiones y testimonios sobre las temáticas del aborto, la sexualidad y la religión dentro del contexto de América Latina.

Desde esta perspectiva *Mujeres e Iglesia: sexualidad y aborto en América Latina* representa un esfuerzo colectivo--el primero--que ha contado en el apoyo entusiasta de una organización como *Catholics for a Free Choice* que aunque originaria de Norteamérica, viene colaborando cada vez más estrechamente con grupos de activistas de nuestro continente comprometidas en la lucha por los derechos reproductivos.

Nuestro agradecimiento a Mary Hunt, Amparo Claro, Rosa Dominga Trapasso, Elena Alvarez, Gloria Velasco y José Adolph por sus valiosas opiniones y sugerencias. También a Aracely Panameño y Sarita Hudson por su paciencia y decidida colaboración durante el proceso de edición y a Daphne Petty, Sue Baker, y JANDS, Inc. por su ayuda en el diseño y la producción.

INTRODUCCION

Hoy nadie pone en duda el peso que han tenido y tienen las ideas religiosas en la vida de las personas, sean éstas creyentes o no. En el caso de Latinoamérica, el peso ideológico y cultural de quinientos años de evangelización cristiana ibérica es parte de nuestra identidad y trasciende la práctica confesional concreta.

La cuestión religiosa aquí es, pues, determinante. Sirve para comprender a cabalidad comportamientos, actitudes, normas, lenguajes y expresiones culturales cotidianas. ¿Quién podría testimoniar mejor la influencia religiosa recibida que una mujer nacida, criada y formada dentro de los parámetros católico-ibéricos irradiados desde el hogar y la escuela por las diversas congregaciones religiosas, o desde los confesionarios y púlpitos de las iglesias? La Iglesia Católica Romana en América Latina ha mantenido desde la conquista española y portuguesa una fuerte preeminencia sobre la sociedad civil, al punto de convertirse en interlocutora válida e influyente frente a la mayoría de gobiernos, desmintiendo de esta forma su proclamado apoliticismo.

¿Pero qué es ser católica o católico en América Latina? Para una gran mayoría de personas la referencia más clara de su catolicismo es haber recibido el bautismo y la confirmación, en tanto que la militancia católica activa sigue estando reservada fundamentalmente a las mujeres. La virilidad se ve ajena a toda expresión de misticismo o de sensiblería "beata."

Un varón católico promedio difícilmente participará en los ritos religiosos habituales. La religión es vista como "cosa de mujeres." Al mismo tiempo, la existencia de ciertos cultos que más bien son parte de folklore y de las tradiciones ancestrales, como el Señor de los Milagros o la Virgen de Guadalupe, dos de los ejemplos más característicos, hace posible la adhesión multitudinaria de varones, quienes no sienten comprometida su virilidad por cuanto la pertenencia a cofradías y sociedades dedicadas a estos cultos, tiene un carácter social más que confesional.

El "marianismo"

Otra cosa es la religiosidad de las mujeres. Juzgadas por la cultura masculina como irracionales, pasivas, emotivas, etéreas, sentimentales, ellas no hacen sino reafirmar estos mitos a través de la observancia alienada de los ritos católicos. Entonces todo rechazo a las normas impuestas a la femineidad por padres, maridos y sacerdotes, será objeto de anatema y de la culpabilización más extrema. Es así como la mayoría de las mujeres vive una religiosidad atormentada y truculenta.

Pero donde la religión ejerce mayor opresión en las mujeres es a través de la sexualidad, territorio complejo que, además, nos es ajeno desde el momento en que los Padres de la Iglesia consideraron dicotomizar la identidad femenina en las figuras antagónicas de Eva la pecadora y de María, la virgen madre. En América Latina el culto mariano es más que una legítima devoción a quien es considerada la madre de Dios. "El marianismo es el culto de la superioridad espiritual femenina, aquel que encarna simultáneamente el ideal de crianza/maternidad y castidad."[1]

Maternidad y castidad, dos estados ideales pero imposibles de ser cumplidos simultáneamente por una católica convencida. Tremenda frustración si pensamos que el modelo de mujer preconizado por el catolicismo es la virgen madre. Pero como todo modelo, la Virgen María es fundamentalmente un símbolo, un paradigma. El acto sexual en la medida que despoja a la mujer de su virginidad, sólo puede permitirse dentro del matrimonio y para fines procreativos. Mediante la maternidad, la mujer vuelve a recuperar su honor. Se verá reflejada en la imagen de María.

La maternidad a través del *"marianismo"* se convierte en un estado de gracia para todas las mujeres: desde que nacen se les inculca para que accedan a ella sin mayor cuestionamiento, y aunque hoy en día la opinión pública que quiere ponerse a tono con la modernidad ya acepta que la maternidad no es el único destino para la mujer, desde los púlpitos y desde los confesionarios se levantan voces que culpabilizan a aquellas que no quieren seguir acatando la norma.

Si por siglos estuvo en entredicho la plena humanidad de las mujeres, la figura de la virgen madre es una figura de redención, de salvación, siempre y cuando las redimidas acaten el modelo en su estado esquizofrénico. Pero el costo es dramático. En la realidad de América Latina, donde la figura de la madre adquiere contornos apologéticos ("¡madre sólo hay una!" "madre, palabra sagrada"), el drama de las mujeres divididas entre ser cumplidoras o transgresoras de la ley divina, tarde o temprano se convierte en una tragedia.

El alto costo de ser madre

Las condiciones socioeconómicas de nuestros países están llevando cada vez más al empobrecimiento de millones de habitantes del continente, y esta pauperización toca más a las mujeres, las más pobres entre los pobres. Obligadas a parir y criar hijos sin apoyo ni ayuda alguna, son abandonadas a su suerte.

El alto número de mujeres que sostienen solas a sus hijos es un ejemplo de la clase de vida que llevan amplios sectores femeninos de las clases empobrecidas. En la década pasada, según un informe del Instituto

Interamericano de Estadísticas de la OEA, los países con más altos porcentajes de cifras de hogares de mujeres que sostienen solas a sus hijos fueron Bolivia con 26% (1976) y Perú con 22% (1973). Igualmente es dramático el panorama de la maternidad precoz en países como el Perú, donde una de cada cinco mujeres que dan a luz es menor de edad, y de 506 niñas-madres que llegan a la sala de partos, 152 dan a luz por segunda vez. Las edades de estas niñas son de 11 y 12 años.[2] En Argentina, unos 700 mil partos ocurridos en los últimos años fueron de madres entre 15 y 19 años.[3] A esto debe agregarse el mal estado nutricional y de salud de las futuras madres. En 1986, la OPS/OMS estableció a través de un estudio practicado en diez países del continente que entre el 22% y el 63% de mujeres embarazadas sufrían de anemia. El alto costo de ser madre en América Latina es, cada vez más, incompatible con la visión almibarada y apologética del catolicismo patriarcal. Pero donde la maternidad idealizada choca violentamente con la realidad es frente al aborto. La Iglesia condena el aborto elevándolo a la categoría de un hecho criminal. Desgraciadamente esta condena moral sólo ha tenido efectos contrarios, por no decir mortales. Se puede decir que la condena religiosa del aborto es también una condena a muerte para las mujeres.

¿Por qué decimos que la condena al aborto ha tenido efectos contrarios? La realidad de las estadísticas actuales--por lo menos las más confiables-- sobre el crecimiento del número de abortos en América Latina es algo que no se puede obviar ni cuestionar. Según la OMS, en América Latina se practican anualmente seis millones de abortos, y en muchos de nuestros países la influencia de las jerarquías eclesiásticas sobre el acceso y el uso de la anticoncepción moderna, sólo contribuye a agravar el problema. En Brasil, por ejemplo, alrededor de 400 mil mujeres mueren al año víctimas de abortos clandestinos, según un informe publicado por el diario *O Globo*.[4] En la actualidad, salvo Cuba y Puerto Rico, países donde existe el aborto legalizado, en el resto las legislaciones lo reprimen duramente.

En México, 2 millones de mujeres abortan clandestinamente al año, y de ellas 140 mil mueren. Enseguida un dato importante: 1 millón 720 mil son católicas practicantes.[5] ¿Son éstas católicas unas disidentes? Claro que no. Para ellas el acto de abortar sigue teniendo características dolorosas. Saben que les espera la excomunión y lo que es peor aún, se sienten culpables porque están en "pecado." No es difícil adivinar los efectos que esta condena moral causan en las conciencias de miles de católicas, pues si la Iglesia no ha logrado detener el incremento de abortos, sí ha conseguido minar la moral de las mujeres mediante la culpa.

Iglesia y misoginia

Cuando en la década pasada las feministas de los países industrializados levantaron la consigna del derecho a decidir sobre su cuerpo, uno de los slogans más originales fue aquel que decía: "Si los hombres tuvieran que parir, el aborto sería un sacramento." Con esto estaban reconociendo de qué lado estaba el poder y la autoridad, pero también revelando el aspecto más oscuro del patriarcado: la misoginia.

La voz que tronó en el Paraíso condenando a Eva a "parir con dolor," se ha seguido escuchando a través de los siglos en las voces de los apóstoles, profetas, Papas, y obispos, quienes han responsabilizado al género femenino de la "caída" y del "pecado." Así, esta culpa milenaria ha recaído en todas las mujeres. En cada una de nosotras habita una "pecadora" y es imposible sustraerse a la malignidad de esta imagen. Como tampoco es posible dejarse llevar por los impulsos ni los deseos más allá de lo que códigos y dogmas permiten. Nos educaron en la creencia de que gozar es cosa de "putas" y que sólo volviéndonos frígidas, sumisas y sufrientes, alcanzaremos la redención a nuestros pecados. ¿Acaso el culto mariano a la Virgen Dolorosa, no es la apoteosis masoquista de la opresión de las mujeres?

Por las características que asume la religiosidad en este continente (en varios países el catolicismo es la religión oficial, y hasta hoy en Colombia existe un concordato entre la Iglesia y el Estado), es difícil imaginarse un cuestionamiento radical a temas que tocan aspectos controversiales como la sexualidad y el aborto. Partidos de izquierda, grupos y personas progresistas, aunque reconocen la validez de las reivindicaciones feministas en lo tocante a la anticoncepción, al aborto y a la sexualidad, no están dispuestos a apoyar y menos a acompañar a las mujeres en campañas de este tipo. Temen enfrentarse a las iras de obispos y clérigos, y por consiguiente perder votos de simpatizantes católicos. En esta misma posición está la Iglesia progresista que sigue la línea de la Teología de la Liberación, cuyo cuestionamiento a la Iglesia tradicional y al mismo tiempo su expreso compromiso con los sectores pobres, le ha valido la satanización y el descrédito de parte de grupos de derecha tanto dentro de la Iglesia latinoamericana como fuera de ella. Pero si por una parte la Teología de la Liberación aboga por la condición de los oprimidos en general, su lectura de la condición femenina no deja de estar sesgada, porque su mirada es profundamente masculina al evadir un pronunciamiento claro sobre la validez de las reivindicaciones sexuales: derecho a la anticoncepción y al aborto voluntario, sexualidad placentera así como la cuestión del sacerdocio femenino.

Decíamos antes que es difícil imaginarse un cuestionamiento radical a la Iglesia. En el caso de la Teología de la Liberación, es todavía más problemático, por cuanto dentro de las filas feministas hay quienes se adhieren o que simpatizan con estos grupos de la Iglesia progresista; en otros casos, el trabajo en barrios populares pone a muchas feministas en contacto con mujeres cristianas cercanas a los sacerdotes progresistas. Así que toda crítica será tomada como "reaccionaria" en un caso, o como "contraproducente" en el otro, por venir "de la misma trinchera."

Hoy más que nunca constatamos el peso que tienen las creencias religiosas en el corazón de las gentes y en especial dentro de los sectores empobrecidos de América Latina, que ven en la religión la única salida a sus penurias. Las continuas visitas de Juan Pablo II al continente refuerzan este sentimiento. En tales condiciones, siempre fue difícil para el feminismo luchar por la libertad de abortar, por el acceso a la anticoncepción o por el derecho a una sexualidad propia. Levantar estas banderas fue y es ir contra la corriente. En la década de los setentas, las escasas acciones feministas alrededor del derecho al aborto y a la anticoncepción fueron calificadas de "burguesas" y/o "ajenas a la realidad latinoamericana," y por supuesto condenadas por la Iglesia Católica bajo el calificativo de "crimen."

También por mucho tiempo las feministas (no todas) se rehusaron a participar en campañas por el aborto, por temor a herir los sentimientos religiosos de las mujeres, sobre todo de las más pobres. No es extraño que algunas luchas emprendidas con cierta fuerza como en México, por ejemplo, fueran abandonadas posteriormente, o que muy recientemente muchas feministas latinoamericanas hayan reconocido que uno de los atajos que impidieron levantar la campaña en pro del aborto, se debió a ciertas lealtades partidarias izquierdizantes.

En los últimos años, sin embargo, han empezado a surgir grupos de mujeres cristianas que desde el feminismo hacen una reflexión crítica sobre el papel cumplido por la Iglesia Católica en relación con las mujeres. Estos grupos, todavía minoritarios, acusan a las jerarquías eclesiásticas de cometer pecado de sexismo y de mantener un modelo de Iglesia vertical y masculinizante. Al mismo tiempo, cada vez más feministas sienten la necesidad de otorgar una mayor atención al tema de las religiones y en especial a lo que significa el peso del catolicismo en las vidas de las mujeres, sean creyentes o no.

Se hace necesario, por otra parte, introducir mayor contenido político a las demandas por el control de nuestro propio cuerpo, en especial en lo que refiere al derecho de toda mujer a decidir si se hace o no un aborto, a partir del principio de que todas las mujeres tenemos el derecho a decidir sobre nuestra capacidad reproductiva, de elegir cuándo queremos tener hijos y cuándo no, al margen de las razones del Estado y de los dogmas religiosos. La lucha por una maternidad voluntaria debe ser una lucha contra los obstáculos que impiden que las mujeres sean consideradas personas con todo lo que esto implica.

La lucha por recuperar una plena autonomía sexual está ligada a la lucha por la libertad de decidir sobre todos los aspectos de nuestra vida. Y mientras nuestros cuerpos continúen expropiados y bajo el control de Papas, obispos, políticos, médicos, padres y maridos, no podremos hablar de autonomía, ni llegar a ser seres humanos plenos.

Ana María Portugal
Lima, Perú
octubre de 1988

NOTAS

1. Bumster, Ximena. *La tortura de prisioneras políticas: un estudio de esclavitud sexual femenina.* Informe del Taller Feminista Global para la Organización Contra el Tráfico de Mujeres, Rotterdam, Holanda, abril, 1983.

2. Dpto. Académico Materno Infantil de la Universidad "Federico Villarreal" de Lima.

3. En *Mujer/Fempress*, No. 76, diciembre, 1987.

4. Agencia de prensa EFE, 8 de agosto de 1988.

5. En *Mujer/Fempress*, No. 74, 1987.

I

HISTORIA DE UNA EXPROPIACION

PORFVERZACASA

miento q̃ hazen los hijas pa dres delos dotrinas
yas mos nola quiere cazar aunq̃ lopiden y piensecipo

do trina   por

El casamiento forzado
Guaman Poma, no. 543.

CURAS, DIOSAS Y EROTISMO: EL CATOLICISMO FRENTE A LOS INDIOS*

Sylvia Marcos

El choque cultural de la conquista ibérica de la América Central y Sur asume una dimensión especialmente trágica para las mujeres autóctonas. La agonía de los viejos dioses y diosas es un proceso traumático que arrastra consigo toda una visión del mundo, de los hombres y mujeres y de sus interrelaciones: la nueva ética, la nueva moral del severo cristianismo español de la Contrarreforma, cuando no es coartada para los explotadores y violadores, resulta amargo veneno que enturbia lo que era el placer erótico. Ni la bondad de sacerdotes individuales como de Las Casas, ni la dulzura inherente al Evangelio bastan para salvar a los americanos de la miseria sexual que será su destino hasta hoy.

---

* Para agilizar la lectura de textos que citaré extensamente, he modernizado la ortografía del español antiguo en las citas.

Porque no perdieron ninguno de sus vicios, particularmente la lujuria, pero si adquirieron algunos nuevos de los cristianos, que ellos no consideraban faltas. Aquel que antes del bautismo no robaba, juraba, mataba, mentía o se llevaba mujeres, sí lo hacía, después del bautismo, decía: estoy pareciendo cristiano (Remesal, 1619).

Catequización forzada

La implantación del catolicismo en América se logró generalmente de manera coercitiva, en ocasiones violenta y a veces sangrienta. El trabajo caritativo y benévolo que llevaron a cabo algunos padres catequizadores no logra compensar los accesos de cólera destructiva de otros. Sobre todo, la legitimación de estos abusos hecha frecuentemente por la Santa Sede marca la historia de la Iglesia Católica en el continente americano; es una historia plagada de excesos y sembrada de injusticias. Cuando esto no acontece, el "mal   menor" para los vencidos autóctonos, es el de una profunda desaprobación y rechazo de todas sus formas de concebir el cosmos. El "occidente" nunca descubrió América: la negó.

Conocidas son las razones por las que España tenía la autorización de la Santa Sede en Roma para explotar económicamente a América. Las metas "permitidas" eran la cristianización de los indios para lograr su salvación. Para este fin casi todos los métodos eran permitidos. El poder temporal y político empleó diversos sistemas que permitirían, luego de cristianizar, extraer trabajo forzado de los indios presos. La mita y la encomienda ejemplifican esta situación de conflicto entre norma espiritual y temporal.   El indígena estaba obligado a dar su mano de obra gratuitamente, en la forma de trabajos forzados. A cambio de ésto, el cacique terrateniente se comprometía, frente a la Iglesia, a catequizarlo. Esto se reducía frecuentemente a la obligación de dar media hora semanal de catecismo. Tal era la única condición impuesta por la Iglesia para la explotación de la mano de obra autóctona, condición cumplida, además, con frecuencia erráticamente, si no era totalmente olvidada.

Por supuesto que algunos de los frailes colonizadores, sobre todo antes de 1570 (época de la llamada conquista espiritual), se opusieron vivamente a los abusos realizados generalmente por los colonizadores seglares.

Los Franciscanos (1524), Dominicos (1536), Agustinos (1533), y más tarde Jesuitas que catequizaron y cristianizaron a las poblaciones autóctonas del continente fueron en su mayoría dedicados, humildes e interesados en el bienestar de los indios. También fueron paternalistas (A. López, 1976), autoritarios, y, sobre todo, intolerantes ante las creencias de un sistema religioso y simbólico que les era ajeno (Bonfil, 1988). No en vano, el occidente cristiano ha sido caracterizado por varios estudiosos como el espacio filosófico donde la verdad es una y universal (Gruzinski, 1988), (Dumont, 1983). Algunos pudieron entrever la validez y la riqueza de la civilización americana, pero no debemos olvidar cómo la jerarquía eclesiástica acogió sus testimonios. El célebre defensor de los indios Fray Bartolomé de Las Casas, por ejemplo, escribió su controvertida *Brevísima relación de la destrucción de las Indias* en 1552. La publicación de esta obra generó discrepancia, rechazo e incluso odio de parte de los frailes, sus colegas catequizadores. (Entre ellos se encontraba Fray Toribio de Benavente llamado Motolinía y autor de obras básicas sobre la civilización mesoamericana.) Fue perseguido rabiosamente, enfáticamente, simplemente porque denunciaba los abusos perpetrados por los mismos religiosos en contra de los indios. Su segunda obra *Apologética historia. . .* no apareció publicada hasta 1909, como para que los siglos transcurridos hubiesen borrado las atrocidades que denuncia y las riquezas de una civilización demolida.

La mayor parte de los clérigos arribados a la nueva España para catequizarla fueron mucho menos comprensivos que de Las Casas. El término "reducción"--como se denominó a los núcleos de pobladores autóctonos en algunas regiones de América--nos permiten inferir algo de lo que los colonizadores españoles pensaban hacer con lo indio, lo "otro." La intolerancia de algunos de ellos fue, en ocasiones, tan extrema que incluso el poder eclesial los retiró de sus cargos. Uno de estos casos es el del obispo de Yucatán, el Franciscano Diego de Landa. Este señor obispo se enfureció tanto que en una ocasión colgó de manos y pies a alrededor de seis mil indios mayas por haberlos encontrado celebrando los ritos de su religión en un adoratorio escondido en la selva maya. De los indígenas así castigados muchos murieron y otros perdieron sus miembros debido a la gangrena o a otros males. También en los "alegatos" de la época se encuentra uno que él redactó (1562) para defenderse en un juicio que lo acusaba de haber quemado vivos a muchos indios. A pesar de todas sus protestas de inocencia fue destituído de su cargo.

Sin embargo, al paso de los años fue reinstalado en su puesto por la Iglesia. Arrepentido de tantos excesos de furia destructiva, decidió recuperar algo de lo que por su propia violencia había destruído. Así logró recopilar, con la asistencia de ayudantes locales y conocedores, los significados de alrededor de veinte glifos de la escritura maya. También redactó *Relación de las cosas de Yucatán*. Así, paradójicamente, una obra imprescindible hoy en día para conocer la cultura maya fue redactada por alguien a quien se deben las enormes pérdidas de esa región, ya que se sabe que armaba grandes piras donde quemaba esculturas, códices, terracotas, joyas, y todo lo que fuese expresión de esa cultura.

Pensaba cumplir así el mandato de Cristo de hacer de todas las naciones discípulas, bautizándolas en el nombre del Padre, del Hijo y del Espíritu Santo. Con este despliegue de violencia brutal quería lograr la "salvación" de las almas.

Otra forma de imponer silencio a los dilemas de conciencia de los religiosos arribados a estas tierras era obligarlos a enfatizar en sus escritos el carácter "cruel" y "endemoniado" de los autóctonos americanos. Sólo se publicaban sus escritos cuando estaban plagados de locuciones como: "estos indios tenían un demonio como ídolo," o "como estos naturales eran de mal vivir," o "asombra ver cómo son bestiales y de poco entendimiento." Estas fórmulas permitían que se considerara lícito y "cristiano" abusar de los indios con el pretexto de catequizarlos. En casi todas las páginas de estas fuentes primarias encontramos frases denigrantes de la cultura mesoamericana. Ni Fray Bernardino de Sahagún, considerado como una de las fuentes más fidedignas de los tiempos pre-cortesianos, pudo escapar a esta exigencia de su Iglesia. Demasiada comprensión quizás le hubiese atraído el reproche de ser "idólatra." Cuando en varias páginas abunda en las grandezas de los autóctonos, pareciera como si de repente se arrepintiera y quisiese corregirse. A pesar de sus contradicciones, Sahagún emprendió una obra de investigación sin precedente por su amplitud y su metodología. No sin razón ha sido considerado como el padre de la etnología, y el cuestionario que usó para recopilar información sobre la cultura méxica, es quizás el primer cuestionario metódico y sistemático de la historia.

Pero a pesar de lo imprescindibles que se han vuelto sus escritos y de lo mesurado de su tono, también él tuvo que plagar su obra de excesos verbales: pinta a los indios como "sangrientos," califica sus costumbres ancestrales de "idolatrías," llama "demonios" a sus divinidades y exagera la importancia cuantitativa de los sacrificios (A. Pagden, 1985).

A pesar de ésto, su obra magna, la *Historia general de las cosas de la Nueva España*, es uno de los instrumentos más fidedignos para aproximarnos a los ancestros mesoamericanos y a la cultura azteca. Extraño destino el de los escritos y los hechos de aquellos frailes apóstoles: nos permiten hoy acceder, aunque limitadamente, a ese universo que ellos trataron desesperadamente de hacer desaparecer.

Finalmente, lo que los indios americanos escogían era refugiarse en los frailes que--para catequizarlos--los defendían de la voracidad de los colonizadores españoles y su ansia de pronta fortuna. Como lo señalan Bonfil (1987) y López (1976), la opción por los curas era la elección desesperada del mal menor. Sin embargo, creemos oportuno enfatizar que aún si la mayor parte de los evangelizadores de la época de la "conquista espiritual" no torturaban a los indios, ni los sometían a trabajos forzados, ni los dejaban perecer de hambre, ni violaban a sus mujeres, su "colonización" se instaló en niveles más profundos. Consistió por ejemplo en la pretensión de que para "salvarlos" era preciso destruir su identidad. Esta negación del ser autóctono afectó sobre todo las formas cómo los indios concebían su mundo, su gente, la tierra, el espacio, el sol, el tiempo y las fuerzas cósmicas divinizadas. Genocidio y etnocidio se conjugaron (R. Jaulin, 1974). Uno, para desposeer materialmente y aún privar de la vida corporal; otro, el etnocidio, para demoler espiritualmente y cancelar formas culturales de concebir el cosmos.

A este propósito Gruzinski señala:

Por muy brutales que hayan sido las agresiones y las exigencias de los vencedores pre-cortesianos de antaño--pensemos por ejemplo en las de la Triple Alianza--

respetaban el equilibrio de las culturas locales en su relación con la realidad, el tiempo, el espacio, la persona . . . Cuando mucho se sobreimponían a prácticas y costumbres que emanaban del mismo conjunto cultural, del mismo fondo mesoamericano. Con el cristianismo, las cosas fueron distintas. Los cristianos, a la par que los antiguos invasores, quemaban templos e imponían sus dioses. Pero aquellos (los cristianos) no aceptaban el compartir ni sobreimponer lo suyo a lo preexistente, sino que exigían la aniquilación de los cultos locales. No satisfechos con eliminar los antiguos sacerdotes y parte de la nobleza, los españoles se atribuyeron el monopolio del sacerdocio y de lo sagrado, y por ende de la definición de la realidad. (Trad. S. M.).

Sexo y normas

Las normas referentes a la sexualidad en Mesoamérica y en todo el continente americano indígena diferían radicalmente de las importadas por los misioneros católicos. No pretendemos que hubiera una liberalidad total, cosa ajena a cualquier sistema cultural y por lo tanto religioso. Pero esas normas se articulaban en torno a evaluaciones muy diversas de los géneros, de lo que significaba ser mujer y ser varón, de lo permitido moral y éticamente concerniente al placer físico, la maternidad y el aborto.

La llegada a la adolescencia requería de un ritual familiar. Sahagún ha recopilado los discursos que los padres nahuas hacían a sus hijas e hijos en este momento de su vida. Son preciosos documentos de aquello que los aztecas consideraban conducta noble en su sociedad. Cabe notar que en lo concerniente a conducta se esperaba de ambos continencia, respeto, humildad con los mayores y apego a sus obligaciones religiosas. Esto contrasta con las normas de la sociedad moderna de México. Aunque en el mundo azteca no se esperaba conducta idéntica de varones y mujeres, en lo relativo a continencia, respeto a los mayores y apego a rituales religiosos, sí eran muy semejantes. En cambio, en el México contemporáneo se espera frecuentemente del hombre una conducta sexualmente agresiva y una iniciación temprana. Por el contrario, las mujeres deben ser, ellas sí, continentes y esperar la primera relación sexual preferentemente en el matrimonio. Y en cuanto a actividades religiosas, esto es sobre todo "asunto de mujeres." El recato y la humildad "feminizarían" a cualquier mexicano en la actualidad.

En cuanto a la alianza matrimonial, las mujeres podían dejar a sus maridos y cambiar de pareja o regresar a sus casas. Nada de esto era reprobado. La única estipulación era que si el marido requería su regreso y ella no lo deseaba así, entonces el esposo podía contraer nuevas nupcias. Diego de Landa se expresa sorprendido sobre estas costumbres de repudio y la facilidad con que se interrumpían las alianzas.

En el mundo indígena éstas no eran indisolubles (Gruzinski, 1988). El maya consideraba natural que su mujer o él interrumpieran temporal o permanentemente la alianza. No así los españoles, que influyeron en el cambio de conducta de los indígenas como se observa en este texto de De Landa:

> Con la misma facilidad dejaban los hombres con hijos a sus mujeres sin temor de que otro las tomase por mujeres . . . (y cuando esto acontece) . . . y ahora en vista de que los españoles, sobre eso, matan a las suyas empiezan (los mayas) a maltratarlas y aún matarlas.

La reacción de violencia brutal ante una mujer que toma nuevo marido o pareja es vigente aún en nuestros días. Se considera lícito y honorable que un hombre defienda "su" derecho sobre el cuerpo de "su mujer" dándole muerte y es casi imposible lograr que se lleve a cabo un juicio condenatorio.

En la región andina del Perú contemporáneo, aún hoy existe el matrimonio a prueba llamado Sirvinakuy (Barrionuevo, 1973). Anclando en costumbres matrimoniales incas, llega a nuestros días como "período de servicio mutuo," donde ambos contrayentes ponen a prueba su capacidad de vida productiva en común y de armonía que puede dar pie a un compromiso para la vida entera. Así, al cabo del año, si uno o ambos decidían que su unión no tenía los fundamentos necesarios para el compromiso permanente podían, sin más, dejarse y recomenzar su vida familiar con otra pareja. Todo esto aprobado por las normas de los mayores y la comunidad.

En Mesoamérica, ambos géneros recibían castigos equivalentes para la misma culpa en materia sexual (Torquemada), (de Las Casas). Leyendo las normas morales de los mayas y aztecas esto queda evidente. La lujuria, se quejaban los curas, era el pecado más frecuente. No así el robo, el homicidio, la mentira, o la embriaguez. En los reportes especiales sobre normas mayas, aztecas o incas es difícil separar los juicios de valor de los evangelizadores católicos. No obstante, se logran detectar grandes líneas de diversidad entre estas normas y la moral católica.

"Voyeurismo" clerical

Quizás por lo que ellos consideraron excesiva frecuencia del pecado de lujuria entre las poblaciones americanas, los primeros catequizadores redactaron minuciosos cuestionarios. Estas preguntas inquisitoriales y detalladas estaban destinadas a exponer la conducta sexual de los confesados a la reprobación del confesor. Otras áreas de "mala conducta" católica eran incluidas, pero lo que más sorprende es el detalle de las preguntas relativas al comportamiento sexual que hoy consideraríamos originadas por curiosidad morbosa y atribuiríamos a la represión sexual de los propios curas.

Al analizar los confesionarios de los dos primeros siglos de la Colonia, Serge Gruzinski (1987) descubre en ellos los elementos de "un dispositivo denso de sexualidad." Este dispositivo se manifiesta en las preguntas relativas a conductas sexuales. Por ejemplo, en el confesionario del fraile Joan Baptista, el 69% de las preguntas se refieren al sexo, mientras que los confesionarios de Martín de León y de Juan de la Anunciación presentan ambos 63% de preguntas relativas a este tema. Esta preocupación con el sexto mandamiento, siendo sólo uno entre los diez, traiciona un interés obsesivo y desmedido de los propios confesores o de la institución cuyas creencias representaban.

Así el *Confesionario mayor en lengua mexicana y castellana* de Alonso de Molina (1565) decía:

> Dime hijo mío
> ¿Te acostaste con una mujer que no era la tuya?
> ¿Cuántas veces?
> ¿Y te acostaste con tu mujer por el canal apropiado?
> ¿O la tomaste por el canal trasero cometiendo así el pecado (de sodomía) nefasto?
> ¿Cuántas veces?
> ¿Te acostaste con tu mujer mientras tenía su mes?
> ¿Cuántas veces?
> ¿Te acostaste con tu mujer evitando la procreación de hijos?
> ¿Porque eras pobre y necesitado o porque tuviste una pelea con ella?
> ¿Cuántas veces?

¿Has cometido el pecado contra natura ejecutando este acto con algún animal?
¿Cuántas veces?
Cuando estabas borracho, perdido del sentido, ¿caíste en el pecado abominable de sodomía teniendo que ver con otro hombre?
¿Cuántas veces?
¿Has hecho algo impropio y sucio contigo mismo o con otro hombre?
¿Cuántas veces?

Además existían las preguntas específicas para las mujeres. En el *Confesionario en lengua mexicana y castellana* de Fr. Joan Baptista (1599) leemos:

¿Eres mujer casada, viuda, o virgen o perdiste tu virginidad?
¿Tuviste relación sexual con otra mujer como tú y ella contigo?
¿Cuántas veces?
¿Deseaste a alguien?
¿Has tocado las partes bajas de un hombre con placer deseando cometer pecado?

En otro de los confesionarios, el *Manual de administrar los santos sacramentos* de Fray Angel Serra (1697), leemos las siguientes preguntas, también dirigidas a la confesión de mujeres:

¿Has pecado con mujer?
¿Has besado a una mujer?
¿Era tu madre la que te parió?
¿Cometiste pecado con mujer usando ambas partes?
¿Cometiste pecado con tu hermana?
¿Has cometido pecado con mujer mientras estaba acostada como animal en cuatro patas, o la pusiste así deseando cometer pecado con ella?
¿Cuántas veces?
¿Muchas?

Aunque estos textos hablan por sí mismos, es importante enfatizar que para el poblador de América su cuerpo, su placer, su sexo, deben haber sido muy naturales. Se requirió de preguntas minuciosas y repetidas cientos de veces en las confesiones para lograr que el concepto católico de sexo sucio y pecaminoso pudiera hacer mella en las conciencias de los indios. Incluso la vida marital, legítima y bendecida por la Iglesia era sujeto de suspicacia inquisitorial: "por tanto acuérdate bien de las veces que . . . incitaste a tu mujer para tener acceso a ella" (A. Molina, 1569).

Además existía, en estos confesionarios, un afán inmoderado de cuantificar que era ajeno al concepto de tiempo del indígena (Gruzinski, 1988). Del mismo *Manual de administrar los santos sacramentos*, Angel Serra recopiló estas respuestas:

> Cambié mi posición correcta porque alcancé a mi esposa por atrás: setenta y dos veces.

> Deseé pecar con mi madre y tuve malos pensamientos con muchas mujeres, no pueden ser contadas, no puedo decir cuántas veces . . . sesenta y dos veces.

Martín de León explica:

> Al cabo dicen dos veces, y por allí se van en todo lo restante de la confesión . . . se van estos naturales por el número del primer pecado que confiesan en los demás (Gruzinski, 1986).

Y F. Guerra (1971) añade que esos números no tienen significación ya que repiten las mismas cantidades para todas las faltas.

> El indio--decía Pérez de Velasco en 1766--a los pies del confesor es sumamente incapaz . . . las reglas (de la confesión) en los indios por su ignorancia, su rudeza, su ningún alcance, su inconstancia, su suma infidelidad, se hacen en muchos casos impracticables . . . entendimiento no podemos darles.

Estudiando la profunda razón de su cuantificación desmesurada o repetitiva, Gruzinski señala:

> Es obvio que sin la comprensión y la interiorización del marco conceptual cristiano cualquier intento de contabilidad resulta tan vano como privado de sentido, pues los indios no hacían más que aferrarse a números arbitrariamente escogidos (Gruzinski, 1986).

Pero, además, el uso de la exageración en la cuantificación o la repetición encadenada habla de una estrategia de cancelación de sí mismos. Nos ejemplifican una de las formas elegida por esos "naturales" tan "sin entendimiento," en las palabras de los confesores, para escapar al control total sobre sus hechos y sus placeres. Son manejos de colonizados para sobrevivir.

Contrastados con esa moral sexual que los frailes trataron de imprimir en las mentes de los indios aborígenes, los abusos sexuales de los españoles aparecen aún más insólitos.

Ellos consideraron que parte de "su" botín consistía en el "derecho" a "usar" sexualmente a todas las indias en su territorio. En el México contemporáneo existen reminiscencias de esos abusos. El derecho de pernada--que también menciona Barrionuevo en el Perú hoy--fue estudiado por M. Olivera en las fincas cafetaleras de Chiapas (1977). En virtud de este "derecho," los caciques se arrogan el privilegio de violar a todas las mujeres vírgenes en sus fincas. Apaciguan sus conciencias con la pretensión de que están "mejorando la raza" ya que fecundan a las indias con sus genes de hipotética pureza racial blanca. Así extraen placer despreciando profundamente a sus víctimas.

La literatura contemporánea da también testimonios de estas actitudes coloniales. Rosario Castellanos nos habla de la existencia de estos conceptos sórdidos de caciques y hacendados chiapanecos contemporáneos. En *Pedro Páramo*, Juan Rulfo menciona costumbres semejantes en el Estado de Jalisco. Las indias campesinas de Comala debían, además, sentirse premiadas porque el patrón Páramo les hará el honor de dormir esa noche con ellas (Rulfo, 1957).

Espiritualidad sexual

Mientras el sexo huele a sucio en todo el occidente cristiano y todas las energías se dedican al ascetismo negador del impulso sexual, las culturas arcaicas de América lo colocaban al centro de rituales religiosos. No sólo ésto, sino que la conjunción con las fuerzas cósmicas cristalizaba en rituales sexuales en los templos aztecas (N. Quezada, 1975). Las mujeres sacerdotisas eran elementos importantes de dichos ritos. La espiritualidad sexual americana tuvo en sus sacerdotisas, celebrantes privilegiadas.

Los misioneros que arribaron a la Nueva España sólo toleraban el sexo como vehículo de procreación; y sólo aprobaban una posición: la hoy denominada "de misionero." En la América antigua--como luchamos por que lo sea en el mundo contemporáneo--la sexualidad no se restringe al coito puesto que no es la reproducción el objetivo que valida el placer sexual. Para los indios éste era vital, un elemento imprescindible de su vida cotidiana y además ocupaba espacios relevantes importantes en los ceremoniales religiosos. La experiencia orgásmica unía a los humanos con los dioses.

Los textos donde aparecen estas prácticas rituales se complementan con abundantes testimonios en terracota. Las figurillas funerarias del área Mochica y Chimú en Perú y las del área Nahua en el Valle de México muestran las prácticas ceremoniales y cotidianas de los habitantes de la América antigua.

A pesar de que precisamente estos objetos con contenidos sexuales fueron selectivamente destruidos por los evangelizadores católicos, han llegado algunas muestras hasta nuestros días (el museo Larco Herrera en Lima, Perú es un ejemplo).   La abundancia de posibilidades en las posiciones sexuales ejemplificadas en las estatuillas, en las pinturas, en los bajorrelieves de algunas piezas arqueológicas, es manifestación de un erotismo mucho más amplio que el procreativo.

Los confesionarios de Molina, Baptista, Serra y otros prueban que el misionero se escandalizaba ante tanta diversidad en el goce sexual. Tenía que describirlo minuciosamente para que el indio, vital y gozoso, pudiera empezar a concebir que eso que él consideraba vínculo con los dioses era pecado abominable o aberración culpabilizante.

Pornográficas o aberrantes, como hoy denominan algunos investigadores a esas imágenes o como antaño las evaluaban los frailes, son calificativos que traicionaban juicios de valor inapropiados.   Quizás encuentran resonancias en deseos sexuales insatisfechos en los que los emiten. O quizás expresan el morbo de quien ha seguido el camino de la negación y sujeción de su propia experiencia orgásmica. Y quizás, también, expresan la culpa injertada en las conciencias americanas por la evangelización. Culpa y sexo, sexo y culpa van indisolublemente unidas en toda moral cristiana.

Encontrar estos remanentes de nuestro pasado americano es fuente de inspiración para aquellos que cuestionamos la moral recibida y que consideramos que la experiencia del placer unifica con la divinidad.

Erotismo y mujeres

Revisar los conceptos de lo sagrado, las imágenes de lo divino, su articulación con lo humano y la ritualización ceremonial de esta interacción entre divinidades y humanos nos permite conocer también la forma de su estructura social. Los dioses son frecuentemente reflejos de los humanos: la divinidad creada a "imagen y semejanza" de mujeres y hombres.

La presencia abundante de imágenes de divinidades femeninas dibuja un tejido social donde las mujeres, en su dimensión terrestre, juegan papeles relevantes. En las civilizaciones mesoamericanas, mujeres, sacerdotisas y diosas expresan una forma particular de ser mujer. No hablamos del matriarcado sino de una complementación con el varón. No describimos un poderío de la mujer en las mismas áreas que el hombre, ni nos referimos a un trabajo productivo social que se ejerce en los mismos ámbitos que el varón. Se trata de la complementación o dualidad de opuestos complementarios. Este es un elemento básico que da coherencia a las civilizaciones mesoamericanas (López Austin, 1982).

Coatlicue, Teteoinan, Toci, Tonantzin, Ixcuiname son algunas de las diosas del panteón Azteca (Marcos 1975, 1988). Nos detendremos brevemente en Xochiquetzal y Tlazolteotl, que para fines del presente trabajo son centrales por su relación con la moral sexual y lo que denominamos espiritualidad sexual.

Diosas del amor y el erotismo

Los antiguos nahuas tenían dos divinidades que encarnaban lo que denominamos sexualidad: Xochiquetzal y Tlazolteotl. La espiritualidad sexual mesoamericana se nos revela especialmente en el culto a estas diosas. Xochiquetzal era la patrona de las relaciones sexuales ritualizadas, y diosa de las flores (Quezada, 1975). El énfasis sexual en Xochiquetzal está colocado en la actividad amorosa más que en la fecundidad. Esta diosa protege las relaciones sexuales ilícitas y es la patrona de las sacerdotisas escogidas para realizar relaciones sexuales rituales. La fecundidad no es la finalidad de estas relaciones.

Por el contrario, Tlazolteotl es la diosa del placer sexual y la voluptuosidad, pero asociada a la fecundidad. Su imagen nos muestra una mujer en el momento de dar a luz. Ella es la protectora de mujeres embarazadas y parteras. Tlazolteotl es también la diosa de la medicina, de las yerbas medicinales y además la patrona de aquellas curanderas "que proveen de yerbas para provocar abortos" (Sahagún).

Xochiquetzal y Tlazolteotl eran las divinidades mesoamericanas ante las cuales los indígenas de Mesoamérica se confesaban. Ambas diosas eran también los principios femeninos ante los cuales las masas de penitentes venían a posternarse para implorar el perdón de sus faltas. Los poderes de estas diosas eran tales que podían desvanecer los efectos maléficos de la conducta errada de sus devotos adoradores.

En el culto a estas diosas nos enfrentamos con un reto a nuestras categorías religiosas. Por una parte Xochiquetzal es diosa y patrona de relaciones sexuales ilícitas (Quezada, 1975), por otra parte Tlazolteotl es la protectora de la fecundidad pero también del aborto y finalmente ambas son receptoras de la confesión y otorgantes de absolución. Por supuesto que en la tradición cristiana no puede existir protección divina para lo ilícito, ni sabiduría sagrada para el aborto, ni confesión ante encarnaciones de lo femenino. En esta breve revisión nos encontramos de nuevo con elementos del universo religioso mesoamericano que son irreductibles a nuestras categorías cristianas.

A estas divinidades del placer, la voluptuosidad, el erotismo y la fecundidad se unen otras deidades femeninas que ensanchan, acrecientan y complementan el panorama de los poderes divinos femeninos.

Estas presencias femeninas deificadas incluyen a las parturientas muertas al dar a luz. Ellas se transformaban en diosas: las Cihuateteo que sostienen al sol del zenit al ocaso. La madre de dios era Coatlicue. Nuestra madrecita era Tonantzin, y las Ixcuiname sostenían como pilares los cielos del Universo Mexica.

Estas imágenes de lo Sagrado incluían en lugar preponderante al polo femenino. Diverso universo simbólico a aquel traído por el cristianismo, donde la reverencia se vuelca sólo ante la trilogía masculina: ¡Dios padre, Dios hijo y Dios espíritu santo!

Entre los antiguos nahuas existía un arte muy desarrollado de la poesía. Garibay nos presenta traducciones de este arte en el cual los pobladores de Mesoamérica llegaron a formas excelsas y pulidas. Entre los poemas seleccionados y traducidos por este autor encontramos uno, que por su carácter metafórico y erótico y por su simbolismo sexual consideramos importante transcribir extensamente. Su título es "Cántico de las mujeres de Chalco" (hoy en día el pueblo de Chalco es aledaño al Distrito Federal).

Este Canto es importante para una aproximación más directa a las costumbres, la permisividad, el goce en las relaciones sexuales. Este canto, además, nos presenta mujeres juguetonas que con desenfado hablan de su deseo sexual, y expresan una voluptuosidad gozosa muy diferente de lo que la moral sexual cristiana preconiza. Recordemos ese mundo sórdido recreado por la moral católica, donde aún aquella mujer denominada "prostituta," no debe gozar de su cuerpo e inventarse fantasías de destitución extrema que la obligan a hacer su quehacer sintiendo desprecio por sí misma.

Este canto, poblado de metáforas, es un diálogo de varias mujeres con el guerrero Axayacatl.

> Pónganse ya listas, hermanitas mías:
> vamos, vamos a buscar flores, . . .
> con la de mi guirnalda adórnate,
> flores mías son, soy mujer de Chalco.
> . . . y ahora elevo un canto al rey Axacayacatito:
> lo tejo con flores, con flores lo rodeo.
> . . . Yo solo levanto mi gusano y lo hago estar recto:
> con él daré placer a mi criaturita Axayacatito.
> Ay, mi chiquito y bonito rey Axayacatito,
> si de veras eres varón, aquí tienes donde ocuparte.

. . . Toma mi pobre ceniza, anda y luego trabájame.
Ven a tomarla, ven a tomarla mi alegría:
Oh mi hijito, dame tú, hijito mío.
Entre alegres gozos estaremos riendo.
Entraremos en alegría, y yo aprenderé.
. . . Ya mueves, ya das la vuelta a tus manitas, ya bien, ya bien quieres
agarrar mis tetas:
¡Ya casi corazoncito mío!
. . . mi vientre yo te entrego . . . allí está,
a tu perforador lo ofrendo a ti en don.
. . . Yo tengo aquí mi marido: ya no puedo bailar el huso;
ya no puedo acomodar el palo del telar:
¡Te diviertes conmigo, niñito mío!
¡Que remedio! . . . ¡Lo haré!
¿Acaso así el escudo de plumas se embaraza
en medio de llanura? Yo me entregaré
. . . acomódate conmigo, muestra tu virilidad.
Tal vez mi mujeril ser comete locuras,
se apena mi corazón.
¡Que remedio! ¿Qué haré yo? ¿A quien tendré por varón?
Aunque sea yo de faldellín, aunque sea yo de camisa . . .
Ven a sacar mi masa, tú rey Axayacatito,
déjate que yo te manipule . . .
Dale placer y levanta al gusano nuestro,
¡una vuelta y otra vuelta!
. . . Después, mi hijito, date placer!
Ya no tengo falda, ya no tengo camisa
soy mujercita y estoy aquí . . .
Poco a poquito, vayan desatando la falda,
vayan abriendo las piernas, tlatelolcas,
los que no van a la guerra. ¡Huhu!
¡Pongan sus ojos en Chalco! (Garibay, 1964)

Este "Cántico de las mujeres de Chalco" nos trae reminiscencias bíblicas del Cantar de los Cantares. Pero este poema erótico Nahua describe los enlaces sexuales únicamente desde la experiencia y la sensualidad femeninas. Es la mujer la que incita y dirige esa sexualidad que fecunda al cosmos.

Erotismo y vejez

La última etapa de la vida, la vejez, es también ámbito de poder y placer. Quezada nos dice:

El anciano no es censurado si tiene aún deseos eróticos aunque es considerado socialmente como impotente y estéril.   A la inversa, la anciana se considera insaciable desde el punto de vista sexual.   Ciertos textos no titubean en desarrollar el tema de esta 'vieja loca de miel' (N. Quezada, 1975).

Y en Sahagún leemos:

Vosotros los hombres cesáis de viejos de querer la deleitación carnal, por haber frecuentádola en la juventud, porque se acaba la potencia y la simiente humana; pero nosotras las mujeres nunca nos hartamos, ni nos enfadamos de esta obra porque es nuestro cuerpo como una sima y como una barranca honda, que nunca se hincha, recibe todo cuanto le echan y desea más y demanda más, y si esto no hacemos no tenemos vida (Sahagún).

Imposible no hacer la comparación con la moral occidental respaldada por una visión "científica" del cuerpo femenino.   Las mujeres, según este "paradigma científico," envejecemos y perdemos el deseo.   Después de la menopausia ya no sentimos impulsos sexuales.   Los viejos, sí.   Ellos, los machos, pueden seguir fecundando hembras cada vez más jóvenes y así reafirmando su virilidad inextinta.   Además, la ideología moderna tolera más fácilmente amores de viejos con mujeres jóvenes que a la inversa.   La reprobación sexual se ejerce sobre nosotras porque nuestros cuerpos dan a luz.   Por lo tanto, en una sociedad que valora sólo el sexo reproductivo, se conjugan los estereotipos sociales--dizque fundamentados científica y médicamente--para reforzar esos valores.   Estos estereotipos construyen la imagen de mujeres viejas, mujeres secas, impotentes y muertas en su voluptuosidad.   Es una esperanza para nosotras, latinoamericanas, tener, como "mentalidad" arcaica en nuestro continente, un espacio de vitalidad gozosa para nuestro futuro.

Por supuesto, este aspecto concerniente a la sexualidad en la edad avanzada no se encuentra aislado.   Los viejos son poderosos en la ideología cultural mesoamericana.   Entre los grupos Mayas de los altos de Chiapas, aún hoy en día el viejo acumula poderosas cantidades de k'al (H. Favre, 1984); "mientras más viejo es un hombre más importante es la cantidad de k'al que posee."   Esta es la esencia vital que no sólo anima a todos los seres de la naturaleza sino que es también indestructible y concede poderes especiales a aquellos que lo poseen.   Estos viejos, así investidos de k'al pueden llegar a ser peligrosos por poderosos, como lo son también los chamanes y curanderas. Ante todo, es a través de ellos que los tesoros de una tradición eminentemente oral--como la mesoamericana--se transmiten y perpetúan. A este propósito es importante recordar cómo recopiló Sahagún su magna obra sobre la cultura Nahua. Fue gracias a extensos cuestionarios hechos a los ancianos--depositarios privilegiados de la cultura ancestral--que este perspicaz investigador logró recolectar los datos preciosos pertenecientes a la antigüedad Mexica.

Este universo de poderes y placeres en la edad avanzada se opone radicalmente a las concepciones modernas de la vejez. En él no hay nada de la evaluación de hoy, según la cual los viejitos son enclenques e inservibles y son considerados buenos sólo para ser segregados en asilos. O--como mal menor--ser confinados a actividades reservadas para la "tercera edad." Este es quizás el eufemismo más nocivo a la dignidad de los viejos. Es crear un mundo aparte para que los ancianos se entretengan, marginándolos con el pretexto de sus capacidades reducidas por el paso del tiempo. En Mesoamérica, el viejo es el sujeto más completo y poderoso que existe en el tejido social. Goza de privilegios morales. Las exigencias éticas se relajan; hay más tolerancia para su embriaguez, para su trabajo físico. Pero su transformación, por el paso de los años, traducida en menos fuerza física, es reinterpretada como una adquisición en dimensiones espirituales, religiosas y políticas. Nunca se le segrega y los ancianos llegan poco a poco a ser el núcleo esencial de una comunidad. Así, una de las deidades del panteón mesoamericano era Huehueteotl, el Dios viejo.

Transición a la sociedad contemporánea

Los poderes sociales, religiosos y médicos de las mujeres mesoamericanas van desvaneciéndose durante la época colonial. En un pasado más reciente encontramos el testimonio de una mujer india transcrito por J. Gumilla, Jesuita, en 1741, en la región del Orinoco. La mujer responde para defenderse de la acusación de haber permitido que su hijita recién nacida muriera:

¿Sabes padre lo que es la muerte para la pobre india que sirve a su esposo (hombre) como esclava sudando en los campos y sin dormir en casa? Yo quisiera que mi madre hubiera tenido lástima de mí y me hubiese enterrado al nacer, para salvarme de tantas penas y sufrimientos peores que la muerte. Medita bien, padre, en los trabajos que una pobre india sufre entre los indios. Ellos vienen a los campos con nosotras cargando sus flechas y su arco en las manos nada más; nosotras con la canasta de los instrumentos en la espalda, un niño al pecho y otro en la canasta. Ellos se van a cazar un pájaro o un pescado, y nosotras escarbamos en la tierra; ellos regresan a casa sin carga, y nosotras, aparte de cargar los niños, tenemos que cargar las raíces para comer y el maíz para hacer su bebida. Al llegar a casa ellos se van a hablar con sus amigos, y nosotras tenemos que traer la leña, acarrear el agua y cocinar la comida. Después de comer ellos se van a dormir, y nosotras tenemos que pasar la mayor parte de la noche moliendo maíz para hacer la chicha. Ellos se embriagan y nos golpean, nos jalan del pelo, y nos avientan y nos pisan. Ah padre mío, como quisiera que mi madre me hubiera enterrado tan pronto como nací. Y después de 20 años de servirle, el hombre toma otra mujer joven y sin juicio. El la ama y ella golpea y castiga a nuestros hijos y aún así nosotras no podemos decir ni hacer nada, porque él ya no nos ama. La muchacha nos ordena y nos trata como sirvientes y si hablamos nos calla con un palo. Una madre india no puede hacer nada mejor por su hijita recién nacida que salvarla de estos sufrimientos e impedirle esta esclavitud peor que la muerte. Te digo de nuevo, padre, que mi madre me hubiera dado una muestra de su amor enterrándome tan pronto como nací. Así mi corazón no tendría que sentirse tan mal ni mis ojos tanto porque llorar (José Gumilla, 1741).

Conclusiones

A partir del siglo XVI, soldados y misioneros sometieron a los Reyes Católicos la parte del mundo que hoy llamamos "América Latina"--nombre que clama doblemente su eurocentrismo.

Desde una perspectiva europea, la Conquista de "América Latina" es por ende un capítulo de la historia del catolicismo. Pero es también un capítulo muy particular de esta historia: en ninguna otra región llegó el catolicismo tan abruptamente ni se impuso con tanta violencia.

En México, pero también en países que conozco menos, como Perú o Colombia, los apetitos de los conquistadores y el celo de los misioneros combinaron sus efectos en la destrucción de la cultura autóctona: mientras que los primeros explotaban y abusaban de los naturales, los segundos condenaban y "tabuizaban" su forma de concebir el universo.

Lo que, visto en la perspectiva de la Europa católica es un episodio de la Historia de España y de la Iglesia es, *visto desde aquí*, la historia sin escribir de un naufragio cultural. Escribir esta "otra historia" requeriría confrontar las tradiciones religiosas de los conquistadores y de los vencidos y entender la radical diversidad de sus normas.

A través de la represión del erotismo indígena, la moral católica logró sacudir las bases de la cosmovisión americana. La moral de la abstención y negación propagada por los misioneros aparece así como un dispositivo más de lo que, con Bastide, definiremos como un proceso de aculturación violenta.

Por lo tanto, la imposición de nuevas normas de conducta en los ámbitos más íntimos de la vida cotidiana no se limitó a reprimir el placer, sino que contribuyó a "sexualizar" el arte erótico (Foucault) y la espiritualidad asociada y a forjar nuevas evaluaciones sobre lo femenino (ahora "objetivado") y la vejez (devalorizada como "impotente").

En la medida que podemos hablar de una "ideología moral latinoamericana," debemos verla a la luz de esta imposición histórica: fue forjada por la sobreimposición violenta de la moral católica sobre la normatividad americana.

Xochiquétzal, diosa del amor
Códice Fejérváry-Mayer

BIBLIOGRAFIA

Fuentes Primarias

Baptista, J. *Confesionario en lengua mexicana y castellana.* Mexico: Melchior Ocharte, 1599.

Cortés, H. *Cartas de relación de la conquista de Mexico.* México: Edit. Porrúa, 1960.

De Landa, D. *Relación de las cosas de Yucatán.* Angel Ma. Garibay. México: Edit. Porrúa, 1966.

Gumilla, José. *El Orinoco ilustrado, historia natural, civil, y geográfica de este gran río.* Madrid: Manuel Fernández, 1741.

Las Casas, F. B. de. *Brevísima relación de la destrucción de las Indias...* 1552.

Las Casas, F. B. de. *Apologética historia de las Indias...* 2 vols. M. Serrano y Sanz. Madrid: M. Bailly-Bailliere e hijos, 1909.

Molina, A. de. *Confesionario mayor en lengua mexicana y castellana* México: Antonio de Espinosa, 1565.

Remesal, Antonio. *Historia general de las Indias Occidentales y particular de la gobernación de Chiapas y Guatemala.* Madrid: Francisco Angulo, 1619.

Sahagún, F. B. *Historia general de las cosas de la Nueva España.* México: Porrúa, 1982.

Serra, A. *Manual de administrar los santos sacramentos a los españoles y naturales de esta provincia de Michoacán.* México: María de Benavides, 1697.

Torquemada, J. de la. *Los veynte y un libros rituales y Monarqui Indiana...* 3 vols, IIIa parte. Sevilla: Mathias Clavijo, 1615.

General

Barrionuevo, Alfonsina. *Sirvinakuy: el matrimonio a prueba.* Lima: Ibarra, 1973.

Bastide, Roger. *Elements de Sociologie Religieuse.* París: A. Cohun, 1947.

Bonfil, G. *México profundo.* México: SEP--Ciesas, 1987.

Castellanos, Rosario. *Los convidados de agosto.* México: ERA, 1968.

Castellanos, Rosario, *Oficio de tinieblas.* México: ERA, 1972.

Duden, B. "The Pregnant Woman and the Public Fetus." *Ms.* 12 pp., 1987.

Dumont, L. *Essais sur L'individualisme.* París: Esprit--Seuil, 1983.

Favre, H. *Cambio y continuidad entre los Mayas de México.* México: INI, 1984.

Garibay, Angel. *Poesía nahuatl.* México: UNAM, 1964.

González Marmolejo, Jorge. "Confesores y mujeres en el obispado de Puebla siglo XVIII." En *El placer de pecar y el afán de normar.* Seminario de Historia de las Mentalidades, México: Joaquín Mortiz--INAH, 1987.

Gruzinski, S. "Normas cristianas y respuestas indígenas." En *Historias 15 Revista de la Dirección de Estudios Historícos del INAH.* (México) oct.-dic., 1986.

Gruzinski, S. "Confesión, alianza y sexualidad entre los indios de Nueva España: introducción al estudio de los confesionarios en lenguas indígenas." En *El placer de pecar y el afán de normar.* México: Joaquín Mortiz--INAH, 1987.

Gruzinski, S. *La colonisation de l'imaginaire.* París: Gallimard, 1988.

Guerra, F. *The Pre-Columbian Mind.* London: Seminar Press, 1971.

Jaulin, R. *La Paix Blanche.* 2 Vols. París: 10/18, 1970.

Jaulin, R. *De L'ethonocide.* París: 10/18, 1972.

López, A. *The Revolt of the Comuneros.* Cambridge, Ma.: Schenkman, 1976.

López Austin, A. *Cuerpo humano e ideología.* 2 Vols. México: UNAM, 1982.

Marcos, S. "Mujeres, cosmovisión y medicina: las curanderas mexicanas" ed. Colegio de México, en prensa.

Marcos, S. *La mujer en la sociedad prehispánica.* México: Ed. DDF, 1975.

Marcos, S. "Curación y cosmología, el reto de la medicina popular." Suplemento cultural de *El Día.* (México) No. 1350 y 51, (8 y 15 de mayo, 1988).

Olivera, Mercedes. "El derecho de Pernada en las fincas cafetaleras de Chiapas." Ponencia al 1er Encuentro Latinoamericano y del Caribe de Estudios de la Mujer, México, 1977.

Pagden, A. "Ancient America" Conferencia Dictada en Harvard University. marzo, 1985.

Quezada, N. *Amor y magia amorosa entre los Aztecas.* México: UNAM/IIA, 1975.

Rulfo, Juan. *Pedro Páramo.* México: Fondo de Cultura Económica, 1973.

Weekman, Luis. *La herencia medieval de México.* 2 Vols. México: Edit. Colegio de México, 1983.

FORMACION Y DEFORMACION: EDUCACION PARA LA CULPA

Ana María Portugal

Al estudiar los efectos de la conquista y de la colonia sobre la vida de las mujeres en los territorios de la América española, ¿cómo no recordar la célebre frase de Pascal: "quien pretende ser ángel, acaba siendo bestia"? Lo mismo también se puede decir más popularmente: "A Dios rogando y con el mazo dando." Una educación muy poco sentimental y nada romántica combinó ideales irrealizables con violaciones concretas, espíritu con expoliación, santidad con frustración, exaltación con sumisión. Es una historia penosa, cuyos efectos aún están perfectamente vivos en la era de la energía nuclear y la cibernética.

Por la misma razón que las mujeres son por naturaleza más débiles que los hombres, se debe procurar más el fortificarlas, para que puedan desempeñar aquellas obligaciones que la naturaleza y la sociedad les han impuesto . . . Lo que resta es acostumbrar a las hijas a que contengan la viveza de entendimiento. Cuando las hijas están dotadas de esta viveza, fácilmente se meten en asuntos que nada les

importan; quieren hablar de todo, y deciden sobre cosas desproporcionadas a su capacidad.
(*Tratado de la Educación de las Hijas* por el Ilustrísimo Señor Don Francisco de Salignac de la Mothe Fénelon, Arzobispo de Cambray, 1874)

Es difícil sustraerse a la sensación morbosa que produce hojear las amarillentas páginas de una reedición decimonónica del pequeño libro, de tapas duras color oscuro, que adquirí hace algún tiempo en una librería de viejo de la ciudad de Lima.   Este libro tuvo una dueña, leo su nombre escrito en la última página la fecha: 1935, Lima. El *Tratado* de Fénelon, no es sólo una curiosidad bibliográfica.

Cuando los últimos estertores de la dominación española se iban apagando en este continente, las nuevas repúblicas surgidas de las guerras independentistas adoptaron formas de vida que la modernidad del siglo XX estipulaba como la antesala a Occidente. El ideario de los padres de la independencia como Madero, Nariño, Belgrano, Sucre, San Martín y Bolívar, recogía gran parte de los conceptos extraídos de la Revolución Francesa y del Siglo de las Luces que, puestostro de los marvía virreinales, tuvieron efectos corrosivos, como el asunto de la educación para todos, que necesariamente incluía a las mujeres. Estas habían estado muy activas durante todo el período sedicioso, complotando, sirviendo de correos, financiando no sólo las campañas sino inclusive como suscriptoras y en no pocas ocasiones también como editoras de publicaciones favorables a la causa.[1]

La educación femenina de los primeros lustros republicanos no tuvo, sin embargo, el mismo celo ni la misma preocupación en lo referente a afectar lo que había sido escrito y proclamado en las actas independentistas.

Todavía en los últimos años del siglo XIX las mujeres, en vasta proporción, eran analfabetas, en especial las de la región andina, y el acceso a un conocimiento más allá de la rudimentaria enseñanza impartida en conventos y escuelas privadas, una conquista inalcanzable. Nunca se puso en duda cuál debía ser el papel de las mujeres en las nuevas sociedades liberadas, a despecho del protagonisme tuvieron muchísimas de ellas, tanto durante el período de las guerras contra España, como durante las etapas rebeldes de los movimientos indios después de la llegada de los pañoles.

En los ánimos de gobernantes y eclesiásticos, las mujeres necesitaban de una autoridad fuerte que gobernara sus vidas en el peor de los casos, pero también la tutela protectora del marido o hermano que las liberara de las durezas de la vida. Conceptos que en 1815 resultaban incongruentes a la vista de cientos de mujeres que habían peleado y participado de diferentes maneras en las guerras de la independencia del virreinato de Nueva Granada, llamado después Gran Colombia (Venezuela, Colombia y Ecuador).[2] Muchas de ellas esperaban poder contribuir en la construcción de las nuevas repúblicas, en virtud de haber adquirido derechos políticos de acuerdo a las nuevas Constituciones. Su participación en estas guerras las convertía en ciudadanas plenas, aunque en la práctica muy pocas se sentían capaces de asumir este derecho, temerosas de conculcar preceptos establecidos sobre el papel de las mujeres, pues la actividad pública y/o política "no era digna de una mujer." Así se lo hará saber el Libertador Simón Bolívar a su hermana María Antonia en una carta del 10 de Agosto de 1826:

> Te aconsejo que no te mezcles en los negocios políticos, ni te adhieras ni opongas a ningún partido. Deja marchar la opinión y las cosas aunque las creas contrarias a tu modo de pensar. Una mujer debe ser neutral en los negocios públicos. Su familia y sus deberes domésticos son sus primeras obligaciones. Una hermana mía debe observar una perfecta indiferencia en un país que está en estado de crisis peligrosa, y donde se me ve como punto de reunión de opiniones.[3]

"Cuál es el campo señalado a la mujer para acreditar su poderoso influjo?" se preguntaba en 1858, Francisco de Paula González Vigil, un clérigo y escritor peruano, conocido como ardiente defensor de las ideas liberales dentro de la política parlamentaria. En su opúsculo titulado *Importancia de la educación del bello sexo*, reivindicaba para las mujeres un lugar destacado en la educación de los hijos, siempre y cuando se liberaran de la educación religiosa fanática, por ser él mismo un cuestionador de las doctrinas tradicionales de la iglesia que veía ajena a la realidad de los pobres. En cierta forma González Vigil viene a ser uno de los precursores de la moderna teología de la liberación de América Latina. Pero él, que expresó su crítica a la forma cómo el clero orientaba la educación femenina, creyente como era de una educación seglar, no pudo evitar caer en la posición oficial que consideraba a las mujeres no aptas para la actividad pública.

> Lejos de nosotros el pensamiento de vindicar a la mujer el ejercicio de los derechos políticos, o hacerla aparecer prestando su sufragio en las elecciones populares, y disputando al hombre los empleos y magistraturas. No: todo esto pertenece a los varones: suya es la fuerza, y manejo de los negocios públicos, en todas sus formas, con toda su extensión y su gloria y su ignominia también; a la mujer cumplen otros oficios, que nadie le disputará jamás; porque carecen de los estímulos que provocan la envidia; y porque nadie sino la mujer cuenta con los medios para desempeñarlos bien.[4]

Falta saber si la pertinencia de un discurso como el de González Vigil fue capaz de calar, en sus partes más modernas, en las conciencias femeninas, o si fue acallado por el que preconizó años después el Arzobispo de Cambray, cuyo *Tratado* traducido al español circuló ampliamente por el continente. Lo que es evidente fue la fuerte influencia que ejerció el catolicismo institucional en la educación y en las vidas de las mujeres. Resulta difícil conocer cuáles fueron las reacciones de parte de éstas a tales preceptos. La historiografía hasta el presente sólo registra voces masculinas que hablan por las mujeres. Esto se debe por un lado al desinterés u omisión, y por otro a no contar con un registro de fuentes diferentes a las tradicionales.

La invisibilidad femenina dentro de la historia del continente latinoamericano es algo más que un hecho premeditado, por ser compatible con la manera cómo el patriarcado marcó la ubicación de las mujeres en el mundo, y dado que el lugar asignado a ellas corresponde a los componentes de la pasividad, de la complementariedad; todo lo que forma parte de ese mundo femenino, carece de interés o de pertinencia para la historia, porque no posee la lógica de lo utilitario, de lo trascendente. La vida de una mujer no tiene validez en sí misma, pues está sustentada en la del hombre y en las reglas que él impone. Las mujeres no reconocen sus imágenes sino a través de aquellas que la cultura masculina ha creado y solidificado a lo largo del tiempo.

De nada les valió a heroínas como la boliviana Juana Azurduy, la peruana Micaela Bastidas, la colombiana Manuela Beltrán, o la venezolana

Juana Rodríguez, quebrantar las normas de la feminidad para lanzarse a luchar integrando, ya como conductoras o como simples combatientes, los ejércitos rebeldes. Más de una como Micaela cederá a las presiones del momento y pese haber demostrado mejores dotes como estratega militar entregará el mando a Túpac Amaru, su marido.

Otras veces renunciarán a su condición de mujeres para vestir ropas masculinas y actuar como varones. Así lo hicieron numerosas mujeres que integraron los ejércitos durante la Revolución Mejicana. Con ello ganaron respetabilidad y puestos de mando con títulos militares en el grado de Coronelas, aunque se hicieron llamar el "Coronel Robles," el "Coronel Bobadilla," el "Coronel Méndez."[5] La negación de la feminidad y de todo lo que ésta representa supuso en todas las épocas vivir esquizofrénicamente. La Monja Alférez grafica en grado extremo esta dolorosa división por la que inevitablemente pasaron y seguirán pasando las mujeres, en su deseo de escapar al control patriarcal sobre sus vidas.

Sor Filotea y El "Jardin de las nobles doncellas"

El primero de Marzo de 1691 apareció en la ciudad de México un pequeño libro titulado: *Respuesta a Sor Filotea de la Cruz* bajo la firma de Sor Juana Inés de la Cruz, una monja del Convento de Santa Paula de la Orden de San Jerónimo. Es posible que este texto sea el testimonio más antiguo a favor de las mujeres escrito por una mujer en la América española.

La figura de Sor Juana adquiere a ratos categoría de mito: su vida fue excepcional en muchos aspectos y por lo tanto ajena a la común de las mujeres de su tiempo. Pero la historia está repleta de excepcionalidades femeninas y por eso Sor Juana lejos de ser únicamente un mito, es el indicio, o mejor dicho la comprobación del grado de sujeción en que vivía inmersa la población femenina durante el coloniaje español, en especial el sector indígena y negro. La fama de Juana Inés de la Cruz como poeta, estudiosa y polígrafa no proviene de nuestra época. Sus escritos y sapiencia (dicen que llegó a manejar conocimientos de matemáticas, arquitectura, geometría, física, filosofía, derecho, música, astronomía y medicina)[6] eran conocidos y comentados a veces con admiración; pero también fueron objeto de críticas, ataques malévolos, acusaciones de "herejía" y censuras eclesiásticas.

La *Respuesta a Sor Filotea de la Cruz*, por ser un documento autobiográfico concitó rechazo y polémica, ya que era la primera vez que una mujer, y monja por añadidura, se permitía hacer una interpretación a partir de las Sagradas Escrituras del papel de las mujeres en la Iglesia, defendiendo para éstas su derecho al conocimiento y a ejercer ese conocimiento en provecho de todos: "¿Porqué reprenden a las mujeres que privadamente estudian?" "¿En qué ha estado el delito, si aun lo que es lícito a las mujeres, que es enseñar escribiendo, no hago yo porque conozco que no tengo caudal para ello?"[7]

Por primera vez también una mujer del siglo XVII admitía que su entrada a la vida religiosa no era debida a una fuerte vocación:

> Entréme religiosa, porque aunque conocía que tenía el estado, cosas (de las accesorias hablo, no de las formales) muchas repugnantes a mi genio, con todo, para la total negación que tenía al matrimonio, era lo menos desproporcionado y lo más decente que podía elegir en materia de seguridad que deseaba mi salvación; a cuyo primer respeto (como el fin más importante) cedieron y sujetaron la cerviz todas las impertinencias de mi genio, que eran de querer vivir sola; de no querer ocupación obligatoria que embarazase la libertad de mi estudio, ni rumor de comunidad que impidiese el sosegado silencio de mis libros.[8]

Cuatro años después de la aparición de la *Respuesta*, Sor Juana moría luego de haber pasado por el trance de abjurar de sus escritos y conocimientos por "consejo" de sus superiores, entrando en una etapa de penitencias, ayunos y castigos físicos con el propósito de alcanzar "la perfección." Poco antes de su muerte su biblioteca fue vendida a su solicitud para dar "limosnas a los pobres"[9] según testimonio del Arzobispo de la diócesis de México. Esta forzada renuncia a lo que más quería: los libros y el conocimiento, le fue impuesta como una refutación a su defensa del derecho de las mujeres al saber. No por nada San Pablo había dicho: "Callen en la Iglesia, las mujeres."

No sólo la educación sino las vidas de las mujeres estuvieron bajo la tutela de frailes y clérigos en la época de Sor Juana, costumbre iniciada desde los momentos aurorales de la conquista española en este continente. La clase de catolicismo que trajeron los conquistadores venía teñida de dramatismo y truculencia, fiel por otra parte al espíritu medieval del castigo eterno, y aunque la duda acerca de si las mujeres tenían alma parece haber sido discutida en alguno de los Concilios, en las mentes masculinas la figura femenina, en cuanto culpable de la caída del hombre, encarnaba el demonio. "Todo lo bueno y lo malo de este mundo, puede uno decir sin temor a equivocarse, proviene de las mujeres," advertía en las páginas de su *Instrucción de la mujer cristiana* Luis Vives, sacerdote y educador del siglo XVI y conocido por ser el más cáustico de todos.[10] Dado que las mujeres eran propensas a caer en la "intemperancia," "la locuacidad," la "obstinación" y la "inconstancia" era preciso vigilar el proceso de su educación de una manera severa inponiéndoles reglas de comportamiento.

Un fraile agustino, Fray Martín de Córdova, escribió en 1460 un manual titulado *Jardín de las nobles doncellas* que en un principio estuvo dirigido a Isabel la Católica, futura reina de España y que más tarde se convirtió en la biblia de las damas nobles de la corte. "Fray Martín aconsejaba a las mujeres que fueran ordenadas, comedidas, recatadas, piadosas; por lo tanto, la castidad y la virginidad eran consideradas como sus mayores triunfos. Sin la castidad, las demás virtudes no eran nada para él.[11] El agustino, como otros colegas de su época, mantenía sus dudas acerca de la validez humana de las mujeres y para sustentar estas dudas no vacilaba en advertir a sus lectoras que "aunque fueran femeninas por naturaleza deberían procurar convertirse en hombres en lo que respecta a la virtud."[12] Pero él no estaba solo. Otros, como Hernando de Talavera, el propio Luis Vives y el más conocido Fray Luis de León, autor de *La perfecta casada*, libro que ha sobrevivido hasta nuestros días y dedicado a las esposas, habrían de erigirse en los sumos pontífices de la moral femenina y en sus más celosos vigilantes. Así su influencia llegó a los nuevos territorios conquistados para alivio de padres y maridos que veían en esas enseñanzas un apoyo a sus ideas. *La Perfecta Casada*, libro de cabecera de nuestras abuelas, fue publicado en 1583 y "reimpreso más de doce veces durante los siguientes cincuenta años."[13]

Más espíritu que carne

La ascética católica del siglo XVIII se nutría de la noción aristotélica de la superioridad del hombre sobre la mujer. La mujer, decían, era la tentación permanente y una amenaza. Los padres de la Iglesia retomaron estas nociones convirtiéndolas en dogmas y así el sexo--y, por extensión la mujer--se convirtió en algo sucio y pecaminoso, solo justificable para la función reproductiva. "En el hombre el valor sirve para el mando, en la mujer para ejecutar lo que se le ordena."[14] Esta fue otra de las nociones asimiladas por el cristianismo hispánico. De acuerdo a estos códigos obraron los conquistadores con las mujeres indígenas apenas pisaron tierras americanas. La conquista española fue una empresa eminentemente punitiva y como tal violenta. El historiador indio Guamán Poma de Ayala en *Nueva crónica y buen gobierno* cuenta los atropellos y arbitrariedades cometidas por los encomenderos y frailes españoles con las mujeres indias en el Perú. En especial los frailes, con el pretexto de evangelizar y desterrar las idolatrías en las poblaciones conquistadas, tomaban como sirvientas y concubinas a las mujeres y se las llevaban para vivir con ellos.

> Fraile Dominico muy cólerico y soberbioso que ajunta solteras y biudas, diciendo que están amanzebadas. Ajunta, en su casa y hace hilar y tejer ropa . . . Y ancí quedan despoblados sus pueblos y ya no multiplica porque le detiene todas las solteras con color de la doctrina.[15]

Ver el proceso de mestizaje solamente como una feliz y necesaria simbiosis de razas y clases, es olvidar que éste se hizo en base a violencia y desigualdad y que las mujeres fueron las principales víctimas. Por el lado de los códigos morales predicados en púlpitos y en plazas por los mensajeros de la nueva religión, ni los fundadores de la Nueva España, y menos los criollos, mestizos, indios o negros, pensaron en tomar al pie de la letra enseñanzas que ponían en freno a sus deseos e impulsos sexuales. Los resultados fueron inversos, de manera que a lòs predicadores y pedagogos religiosos no les quedó sino pasar por alto lo que veían y oían, apresurándose, eso sí, a santificar pragmáticamente aquéllo que consideraban inevitable. Así quedaron entronizadas normas de doble moral.

> Si los esposos eran infieles a sus esposas, éstas debían seguir siendo fieles a ellos, puesto que en opinión de Vives, la fidelidad de la esposa santificaba la infidelidad del marido.[16]

Esta santa alianza de sacerdotes y maridos fue tan sólida que ha sobrevivido sin fuertes alteraciones el paso de los siglos, alianza que ciertamente contó y sigue contando con la frecuente colaboración de las propias mujeres. Pero también es cierto que no son pocas las grietas producidas, sobre todo en los últimos cincuenta años. Si en las primeras décadas de este siglo las voces de los confesionarios instigaban sibilinamente a las feligresas peruanas, colombianas, mejicanas o chilenas, a acatar la voluntad divina de seguir siendo fieles, o a lo que en lenguaje criollo se llama: "hacerse de la vista gorda" ante las infidelidades del marido, en la actualidad la docilidad femenina está en entredicho, para preocupación de confesores y maridos. El índice de divorcios en América Latina, una de cuyas causas es la infidelidad masculina, es probablemente la grieta más seria que amenaza con resquebrajar aún más esta santa alianza, aunque no con acabarla; para eso sería preciso traer abajo los cimientos en que se apoya la vieja institución del matrimonio, para construir nuevos, basados en la unión entre iguales y donde el fundamento económico, que es el pilar central, deje de serlo. Pero antes las mujeres deberán luchar por su autonomía, poru derecho a elegir y a gobernar sus vidas por sí mismas.

La institucionalización de la doble moral en los territorios colonizados por España, flexibilizó grandemente las prohibiciones y normas para los hombres, lo que a su vez significó rigidizar las de las mujeres. Se enfatizó el valor de la fidelidad como la mejor arma de la esposa virtuosa dedicada a sus hijos y a su hogar. "El amor en el matrimonio debe ser más espíritu que carne" aconsejaba Vives.[17] De esta manera las esposas, al cumplir obedientemente en la cama, obtenían la bendición del cielo y quedaban santificadas, puesto que el objetivo del matrimonio, para las clases sociales altas, además de ser una empresa económica, era la procreación. En virtud de esto, las esposas consideradas como "las mejores joyas de un marido," no debían exhibirse demasiado en público. Lo ideal era salir lo menos posible a la calle pero si había que hacerlo, era llevando una vestimenta discreta y poco llamativa. Vives llega a aconsejar que las mujeres vayan por la calle cubiertas "descubriendo apenas un ojo para poder ver el camino."[18] Sin quererlo impulsó la moda de la "tapada" en Lima, ya que las mujeres limeñas del siglo XVII fueron las que dieron importancia a esa vestimenta de reminiscencias árabes y que constaba de una saya y un manto. El manto cubría por completo el rostro y sólo permitía una abertura a la altura del ojo. Pronto la falda o saya se iría estrechando hasta el punto que fue objeto de críticas, ya que muchas "tapadas" iban prácticamente enfundadas mostrando nada púdicamente sus formas. Vives no se imaginó nunca que las "tapadas" limeñas utilizarían esta vestimenta para fines que poco tuvieron que ver con el recogimiento y el recato.

Debe verse entonces en la "tapada" un símbolo de rebelión y un factor de democratización. La vestimenta uniformizó hasta cierto punto a las mujeres de diferentes clases sociales, ya que fue usada indistintamente tanto por las damas españolas, como por las criollas y mestizas. Ocurre que en todas las épocas las mujeres han desarrollado sus propias estrategias de liberación para escapar bien sea al encierro doméstico, o a la imposición de los códigos masculinos de sujeción sexual. Más adelante asistiremos a la mistificación de la "tapada." Gracias a una de esas tretas de la historia, lo que en su momento apareció como una conculcación de la moral (son muchas las historias alrededor de las aventuras amorosas de las "tapadas"; esto forzó a la iglesia y al poder político a prohibir el uso de este vestido), más tarde serviría para idealizar la Colonia. En 1958 se produjo el primer intento nostálgico por retornar a la Colonia, cuando un grupo de damas limeñas sacó de los viejos arcones de familia las sayas y mantos durante las festividades de Santa Rosa, con evidente aprobación de las fuerzas vivas, y un periódico conservador como "El Comercio" diría:

> La Colonia fue un edén, salvemos lo que de ella nos queda y reverenciemos lo que desapareció por nuestra culpa. La mujer colonial, la 'tapada de devociones y astucias', fue angelical. Conservémosla, como tal, copiando el paradigma de antaño."[19]

Una década después en 1969, durante los festejos del aniversario de Lima, se eligió a la "tapada" y las candidatas vistieron los trajes nuevamente desempolvados de los arcones.

Pero dentro de esta dinámica de las relaciones entre los sexos, donde la infidelidad masculina formaba parte de un estilo de comportamiento social abiertamente celebrado a pesar de la sanción eclesiástica, serán las mujeres quienes se hagan acreedoras a las más extremas condenas por atreverse a vivir su sexualidad rompiendo las normas impuestas. Cientos de mujeres fueron estigmatizadas de "criminales" por la moral de la época al ser denunciadas por haberse practicado abortos, estigma que hoy sigue vigente. Muchas fueron las voces desde los púlpitos que pedían para las culpables castigos tremendos . . . "según las leyes primitivas de la Iglesia: que la madre sufra penitencia perpetua y pública," "Se negará a ella y a sus cómplices hasta la absolución en artículo de muerte," pues "al que hiciera un aborto, se le ha de pedir en la eternidad alma por alma, diente por diente."[20]

La rebelión contra los roles

Cuando se habla de la Inquisición como una de las expresiones más abominables de la naturaleza humana, apenas si se menciona el rol que le cupo dentro de la vida de las mujeres. En la América Española el Santo Oficio fue particularmente celoso en su vigilancia sobre el sexo femenino, especialmente cuando se trataba de ciertas mujeres que vivían y actuaban contrariando los cánones de la feminidad. La comparecencia ante el Tribunal de la Santa Inquisición de una larga lista de mujeres sobre quienes existían acusaciones de "brujería" y "herejía" no tiene por qué asombrar a nadie.

Estas acusadas resultaron ser mujeres que habían renunciado voluntariamente a ser esposas, madres, monjas o prostitutas. Se hacían llamar beatas por el hecho de practicar una suerte de religiosidad al margen de lo institucional. Eran célibes por elección y no se sometían a las reglas monacales. La institución de las beatas y los beaterios--casas donde vivían en comunidad--es un fenómeno que atraviesa todo el siglo XVI en especial, en muchos de los países bajo el dominio español.

Esta manera de concebir la religión llevó a muchas beatas a cuestionar la autoridad eclesial. Decían ser interlocutoras directas de Dios, quien les había revelado "los misterios de su doctrina."[21]

Las beatas, al rechazar conciente o inconcientemente los roles de la feminidad, pasaron a convertirse en sujetos autónomos, con los riesgos que esto representa. Declaradas herejes por no querer aceptar la tutela de los clérigos, quedaron marginadas socialmente, y aquellas que fueron sometidas a proceso por la Inquisición, vieron sus escritos confiscados, sufriendo torturas y confinamiento de por vida. Esto fue lo que le ocurrió a Angela Carranza, una beata vidente que en Lima fue conocida como Angela de Dios por el poder de su palabra y las acciones que realizaba en favor de los pobres. La presencia de Angela resultó incómoda a las autoridades de la Iglesia, por lo que el Tribunal de la Inquisición ordenó que fueran quemados públicamente sus escritos por considerarlos herejes, condenándola a vivir de por vida en un convento. "La sentencia inquisitorial fue muy clara: que se le prive de papel, tinta y pluma para que no escriba ni comunique con persona alguna."[22]

La expropiación del cuerpo

La historia de las mujeres latinoamericanas está basada en una contínua sucesión de expropiaciones, y entre todas, la del cuerpo tiene categoría relevante. Por ser la primera, aparece como el punto de partida para definir la naturaleza y el origen de una situación de opresión milenaria. Para bien o para mal el cuerpo nos ha marcado las pautas, ha definido nuestra ubicación en el mundo masculino. La mujer es un cuerpo antes que un ser pensante. Así lo entendieron los conquistadores españoles que vieron en el cuerpo de la mujer indígena un botín y un desquite, es decir una manera de hacer sentir su poder y autoridad a los conquistados. Más adelante, el cuerpo habrá de significar yugo o anzuelo según cómo la mujer se asuma: esposa o prostituta, falsas disyuntivas que no podrán nunca resolver el problema de la identidad. Así, todo proceso de liberación individual estuvo y estará marcado por situaciones equívocas, por imitaciones irritantes que sólo producen confusión y frustraciones. Como acabamos de ver, la historia de las mujeres latinoamericanas está definida por el sello de la violencia, y de la apropiación imperialista de sus cuerpos. No debe extrañar, por lo tanto, que las opciones de rebeldía de una Juana Inés de la Cruz, de una Angela Carranza, de las coronelas y soldadas de todas las revoluciones, levanten como lema la renuncia del cuerpo, que es en última instancia la renuncia a la sexualidad, para encontrar en la vida monacal, en la espada y el fusil una razón valedera para "purificarse" y trascender a la medida de los deseos masculinos. Purificarse para borrar toda huella que les recuerde haber nacido mujeres. La culpa de ser ante todo un cuerpo ha impedido que las mujeres encuentren salidas auténticamente liberadoras a sus vidas.

Y es que el principal enemigo de la autonomía femenina es la culpa. Culpa reavivada cada día en sermones, homilías, leyes, normas de convivencia, ideologías. Desde las beatas del siglo XVI, pasando por las curanderas acusadas de brujas frente a las hogueras inquisitoriales, las mujeres latinoamericanas de todos los tiempos han tenido y tienen una relación culpable con sus cuerpos. Esta sensación de ajenidad, de extrañeza, de miedo pánico o de vértigo compulsivo frente al cuerpo, compromete seriamente su identidad de seres libres con derechos y responsabilidades. De manera que toda lucha que se emprenda contra la opresión de las mujeres en América Latina que no contemple la recuperación del cuerpo como condición prioritaria para hablar de liberación, carecerá de la fuerza subversiva indispensable para revertir esta situación. Tal como dijera alguna vez la escritora mexicana Rosario Castellanos al tratar de definir la condición femenina: "debe haber otro modo. Otro modo de ser humano y libre. Otro modo de ser."

Sí, un modo de ser que no esté marcado por los estereotipos, las confusiones, los miedos, la culpa y el renunciamiento.

Tlazotéotl, diosa de la tierra
Códice Vaticano

NOTAS

1. Mannarelli, María Emma. "La conquista de la palabra," Pg. 21-23 en *Viva*, No. 8, noviembre, diciembre 1986, Lima-Perú.

2. Cherpak, Evelyn.   "La participación de las mujeres en el movimiento de independencia de la Gran Colombia. 1780-1830." Pg. 255-256-257-267 en *Las Mujeres Latinoamericanas. Perspectivas Históricas*. Asunción Lavrin (compiladora). Colección Tierra Firme. Fondo de Cultura Económica, México 1985.

3. Ibid, pg. 268.

4. Gonzáles Vigil, Francisco de Paula. *Importancia de la educación del bello sexo*. Pg. 50. Instituto Nacional de Cultura, Lima 1976.

5. Cano, Gabriela. "El Coronel Robles: una combatiente zapatista." Pgs. 22-24, en *Fem*, No. 64, abril 1988, México.

6. de la Cruz, Sor Juana Inés.   Edición y selección a cargo de Dn. Juan Carlos Merlo. Pgs. 28-29. Editorial Bruguera S.A., Barcelona 1968.

7. Ibid. Pg. 41.

8. Ibid. Pg. 496.

9. Ibid. Pg. 46.

10. Lavrin, Asunción. "Investigación sobre la mujer en la colonia en México: siglos XVII y XVIII." Pg. 38. En *Las Mujeres Latinoamericanas. Perspectivas Históricas*. Colección Tierra Firme. Fondo de Cultura Económica, México 1985.

11. Ibid. Pg. 36.

12. Ibid. Pg. 36-37

13. Ibid. Pg. 38

14. Macera, Pablo. *Sexo y coloniaje*. Pg. 2. Mimeo. Centro de Documentación sobre la Mujer, Lima, Perú, sin fecha.

15. Chocano, Magdalena y María Emma Mannarelli. "Trabajo y violencia sexual en la colonia." Pgs. 28-30. En *Viva*, No. 9, febrero-marzo 87, Lima-Perú.

16. Lavrin, Asunción. "Investigación sobre la mujer de la colonia en México, siglos XVII y XVIII." pg. 38. En *Las Mujeres Latinoamericanas. Perspectivas Históricas*. Colección Tierra Firme. Fondo de Cultura Económica, México 1985.

17. Ibid. Pg. 37.

18. Ibid. Pg. 38.

19. Salazar Bondy, Sebastián. *Lima la horrible*. Pg. 76. Ediciones Era, México 1964.

20. Macera, Pablo. *Sexo y coloniaje*. Pg. 10, mimeo. Centro de Documentación sobre la Mujer, Lima, Perú, sin fecha.

21. Mannarelli, María Emma. "Angela de Dios o el poder de las beatas." Pg. 40-42 en *Viva*, No. 11-12, noviembre 87, Lima, Perú.

22. Ibid. Pg. 42.

II

EL CUERPO
ESE TERRITORIO AJENO

El abuso sexual de la mujeres por oficiales españoles.
Guaman Poma, no. 467.

LA PRINCIPAL DOMINACION[*]

Cristina Grela

A menudo se olvida que la Biblia es, también, el Cantar de los Cantares, esa hermosa celebración de los cuerpos que en ocasiones se quiso interpretar como puramente espiritual o hasta teológica. Pero lo pagano no debe buscarse necesariamente en la actitud frente al placer que ha querido bloquear y desviar la tradición de austeridad del cristianismo: la autora reclama mayor respeto por la casa que habita nuestro espíritu, por los derechos de lo terrenal que nos ha sido concedido, por la facultad de transmutar el gozo de vivir en reconocimiento de lo divino.

---

[*] N. de E. La autora ha vertido en este artículo algunas de sus experiencias como médica en talleres sobre Sexualidad Femenina realizados con mujeres en la ciudad de Montevideo, zona urbana y suburbana y en poblaciones rurales de Uruguay.

Ser mujer y latinoamericana es sufrir una triple opresión como mujer, como pobre y como indígena (india o negra).

Algunos datos estadísticos generales pueden dar una idea de la vida de las latinoamericanas. Podría empezar diciendo que las mujeres apenas aparecen en los cuadros estadísticos generales, a no ser que se las tome en cuenta como madres, sin embargo la fuerza de trabajo femenino es cada vez más importante a pesar del alto desempleo femenino. En cuanto a la educación, el 80% de los analfabetos son mujeres.

En salud la mortalidad materna por embarazo, parto y aborto alcanza niveles cada vez más altos. En México por ejemplo, en 1980, la segunda causa de muerte entre jóvenes de 15 a 24 años, fue el parto y en 1981 murieron 2028 mujeres por complicaciones en el parto. (Fuente CIDHAL)

- Nuestras sociedades cuentan con altos índices de violencia contra las mujeres. Son violadas y asesinadas una de cada 100. .

- Las políticas gubernamentales dirigidas a las mujeres han cambiado muy poco su situación y a su vez son asistencialistas y orientadas a reforzar los roles de esposa y madre.

Las políticas de población no expresan las necesidades reales de las mujeres porque están hechas ateniéndose a intereses económicos, demográficos, morales o religiosos. Están destinadas a aumentar o disminuír la población.

Estas políticas, a la larga, culpabilizan a las mujeres de ser ignorantes o de no planificar su familia.

La realidad de vida de las latinoamericanas, y los límites puestos en el acceso a la educación, la imposibilidad de contar con el desarrollo de una cultura en libertad, nos llevan a la conclusión de que la principal dominación radica en la falta de control de nuestro cuerpo. Esto tiene sus raíces en la herencia judeo-cristiana que rige nuestras vidas.

El derecho al placer, y a una sexualidad propia, resulta subversivo en una sociedad en la que las represiones nos acompañan desde niñas.

En mi experiencia de años en talleres y grupos de trabajo sobre sexualidad, los testimonios de mujeres adolescentes y adultas me han mostrado las raíces de toda esta historia de represión y negaciones del placer del cuerpo.

El cuerpo

Conjuntamente y en forma inseparable de los otros aprendizajes, formación de la personalidaad y toma de conciencia de las necesidades, va naciendo la idea del cuerpo, la relación con él. El es la esencia misma de nuestra existencia humana, y, sin embargo llegar a aceptarlo, escuchar su idioma, interpretarlo, cuidarlo y quererlo lleva un tiempo largo de aprendizaje y apertura, cuando es posible hacerlo. Lo más probable es que pasemos parte o quizás toda nuestra existencia, sin conocerlo y sin tomarlo en cuenta.

Parecería imposible desconocer la casa en la que hemos habitado siempre, a no ser que hayamos estado omisas, ciegas, sordas, mudas, paralíticas y privadas de toda sensibilidad. Pero es posible si nuestros sentidos están destruídos, inhibidos o limitados, o si reconocemos que la casa en que vivimos ni siquiera es nuestra.

En términos que son demasiado importantes para generalizar, el disfrute de la sexualidad como integradora de la capacidad de sentir, también en lo genital en plenitud, es reprimida en las etapas primeras en que la niña descubre que tocar la zona genital despierta sensaciones muy agradables.

Cuando la adolescente se entera de la masturbación, al no haberla practicado ni aceptado para su cuerpo, lo entiende como "cosas de varones," con toda la carga culpable de que es algo feo y no entendible, pero que debe ser porque "los hombres tienen necesidades," y allí queda en general silenciada la preocupación.

Desde que era pequeña me gustaba tocarme la cola, en la parte de adelante. A veces lo hacía con mis manos cuando me lavaba o a veces me sentaba al borde de la silla. Siempre lo hacía sola y me encerré una vez para mirarme qué era lo que allí tenía para que me gustara tanto. Pasé bien mi niñez y te puedo decir que fui feliz con mi familia, mis amigos y mis juegos. Después de hacer la Primera Comunión, a los 6 años, nos confesábamos una vez por semana, el día antes de la misa del colegio. Eramos una fila larga de niñas esperando, decíamos la chorrera de pecados, nos daban la penitencia y volvíamos a clase. Un día el cura me preguntó: '¿Cometes actos impuros?' Al principio no entendí y le dije que no, pero después cuando me masturbé en mi casa me di cuenta que me preguntaría por algo de eso que yo hacía. Y me dio miedo. Cuando me fuí a confesar el jueves siguiente le dije que cometía actos impuros y él me preguntó entonces: ¿Cómo? y no le conté entonces y me preguntó: '¿Sola o acompañada?' Me mandaba todas las semanas a expiar mi pecado con tres padrenuestros y tres avemarías. Otro sacerdote me dijo que era muy feo eso para niñas buenas y que me convendría ir a un retiro espiritual encerrada.

La concreción de actos masturbatorios concientes para las niñas que reciben los mensajes sociales y culturales vigentes en Latinoamérica, se acompañan de sentimientos contradictorios para sus propios gustos y placeres, generando también conductas que podrán condicionar su sexualidad adulta por la profundidad que equivocada, pero pavorosamente, alcanzan. La idea de mujer pura está arraigada como "algo intocado" por hombre alguno, y ni aún por ella misma.

El camino del conocimiento del cuerpo y del aprendizaje del placer y su idioma no es fácil. Es un recorrido tortuoso que exige audacia e independencia, y justamente éstas están cortadas desde el comienzo de la experiencia vital para las mujeres.

Por este lado son grandes las dificultades.

Cuando tenía 12 años mi madre enfermó y me pusieron pupila en el colegio donde estudiaba. Allí empecé a vivir algunas situaciones que me hicieron sentir que no podía tocar mi cuerpo ni lo que él producía. Las monjas nos hacían bañar vestidas con unas túnicas que enjabonábamos desde afuera, con tiempo medido, una vez por semana y con una de las hermanas que se paseaba por fuera de los baños individuales tocando la puerta si demorábamos mucho. Los paños higiénicos con la sangre menstrual los poníamos casi a escondidas en un balde que alguien se llevaba y devolvía lavados. Todo se rodeaba de misterio y aire de pecado.

Se interpreta que el cuerpo es el generador de sensaciones consideradas malas en la medida que hacen claudicar la conciencia, lastiman los valores espirituales que están centrados en el dar, prodigar y amar desinteresadamente.

Silenciar el idioma del cuerpo ha sido una meta de esta civilización.

Las decisiones sobre el cuerpo

La condena de la sexualidad fue una de las metas religiosas durante siglos, por lo que se consideró meritoria una vida de perfección sin ejercicio de la sexualidad, con castigos a quien se separara de ese camino.

Es bien conocido el desprecio popular por la vulva, llamada por los nombres más insólitos y variables en cada uno de nuestros países. Lo mismo para con los olores propios de esa zona, no considerándolos naturales sino más bien vergonzosos y repugnantes.

La menstruación constituyó uno de los mitos en los que se simbolizó el carácter maléfico e impuro de las secreciones de las mujeres, por lo cual cuando están con "eso" están enfermas. "No podíamos bañarnos ni andar descalzas, ni tomar sol." "Mientras fuí chica cuando estaba menstruando me ponían en la cama y no me dejaban ni salir, ni ir al baño." "A mí lo único que me dijeron era que desde ahora me tenía que cuidar de los hombres. Yo no sabía de qué cuidarme." Todo rodeado por el misterio de algo que no se sabía, de lo que no se hablaba o que había que esconder de los ojos de todos, también del padre, que no tenía ni que enterarse siquiera. Y por otro lado el mensaje contradictorio de que "ahora sí, ya eres señorita." Como que algo mágico hubiera sucedido y nos habían ascendido a algún cargo fundamental que no entendíamos.

Este cargo preciado por la sociedad es la posibilidad de ser madre y con él, el reconocimiento de ser seres completos.

Para nosotras las feministas, el decidir sobre nuestro cuerpo debería ser uno de los aspectos centrales de nuestras luchas. No vamos a liberarnos de las dominaciones que pesan sobre nosotras si seguimos permitiendo los dominios y manipulaciones que sobre nuestro cuerpo ejercen el matrimonio, la familia, la Iglesia, el Estado, los líderes políticos.

Contrariamente si debemos tomar decisiones sobre aspectos domésticos, estamos obligadas a decidir sobre algunas cosas con solvencia. Estas son las que permiten el buen funcionamiento del hogar, donde se es la reina-esclava. Esta actitud asumida y aceptada se profundiza en el aislamiento, la depresión y el abandono de sí.

Hay otro grupo de decisiones que la mujer debe consultar, relacionada con el dinero, la escuela a la que van sus hijos, buscar un empleo, ocupar horas en actividades, todas son cuestiones del mundo de afuera, al que no tiene libre acceso. Cuando no puede tomar esas decisiones medianas porque no se comparten sus razones, va creciendo ese sentimiento de frustración.

Caminan con ella otras decisiones lejanas que ni se imagina que existen. Son invisibles en el marco de la realidad de las mujeres. No se tienen en cuenta sus necesidades afectivas--que a veces ni conocen--y viven bajo el mandato de darse sin medida; sus cuerpos no les pertenecen; ellos son el vehículo social para dar bienestar.

Las decisiones en relación al cuerpo pasan a ser buenas o malas. Son buenas cuando trascienden los impulsos y deseos y están centradas en el amor, como dar y darse para otros en la pareja o los hijos. (Eva, reconocida madre de todos los hombres.) *Son malas* cuando se centran en una misma, como en el disfrute del propio cuerpo sin fines de darse o generar la vida de otros. (Lilith, primera esposa de Adán, que se negó a tener hijos, fue expulsada de la casa y sigue penando por el desierto y los mares sin encontrar paz.)

¡Nuestro cuerpo de mujer! ¿Casa propia?

La Mujer: es identificada como hija de, esposa de, madre de . . .

La culpa

En Latinoamérica existe un contexto cultural y educativo muy marcado por los deberes y las formas de comportamiento apropiadas en todas las clases sociales que se profundiza en lo relacionado a la sexualidad.

El apartarse del esquema, el salirse de la fila en las pequeñas o en las grandes cosas, produce un sentimiento de desacomodo e inestabilidad, ocupando el tiempo de actividad y de descanso. Va acompañándose de una incapacidad para el disfrute, la inhibición de la alegría, la indiferencia, la inseguridad o la cólera que surge desmedida "sin causa aparente." Están la depresión y la angustia y sentimientos de desvalorización profundos y se "bajan los brazos" ante los proyectos hacia adelante. Ese sentimiento temido es *la culpa* y también desde niña cada mujer va buscando su forma de esquivarlo, por el dolor que produce. Para algunas mujeres la salida es hundirse cada vez más en la depresión y para otras es el aturdirse en la faena doméstica o en empleo de actividades cuyo ritmo no le permiten pensar, ni detenerse.

¿Cómo se siente, en ese contexto una mujer que decide no tener hijos o realizar un aborto? *Estas son muestras de desacato mayor. En esas decisiones está sola hasta con ella misma.* A veces puede recurrir a esas decisiones difíciles en pro de otros sentimientos que le son permitidos. Puede plantearse el hacerse un aborto porque sus hijos mueren de hambre o de enfermedades, porque ha sido víctima de violación o estupro. Lejano o infrecuente es el resolverlo por su propia determinación, tomándose en cuenta, en el sentido de saberse dueña de su cuerpo como derecho inalienable.

Está bien claro que *la realización de la maternidad de ninguna manera puede ser un acto regido por el destino final de ser mujer*, ni la forma de completarse como persona femenina. Debería ser una tarea de todos. Sin embargo la idea de mandato está desde el principio de esta era y justificado por las leyes, normas y las instituciones.

Sin duda que a este esquema inadecuado e hipócrita podemos decir no. En eso consiste el desarrollo de la capacidad de autonomía, libertad, independencia, autoconocimiento y autocrítica que cada mujer logre en su vida. La posibilidad de encontrarse, salir del aislamiento y revisar estos valores, lamentablemente es difícil para las mayorías de mujeres latinoamericanas que siguen aisladas o condicionadas por la situación de pobreza y abandono en que se encuentran.

Construir una nueva ética

He dicho en otra parte de este artículo que queremos ser dueñas de nuestro cuerpo. ¿Qué queremos decir con eso? Más allá de pedir la libertad del aborto, o el acceso a la anticoncepción, queremos acabar con esta historia de represiones, de mordazas y reapropiarnos de nuestro cuerpo para construir una nueva ética elegida y darnos el permiso de vivir sin culpa el deseo, el placer y el disfrute del cuerpo con sus potencialidades de acuerdo a nuestras necesidades, sin apremios, obligaciones ni compromisos.

Los valores que queremos darle al cuerpo como feministas cristianas pasa por empezar a pensar, sentir, crecer nosotras mismas sin culpa, con libertad, porque el disfrute del cuerpo es justamente el prodigador de espiritualidad, de sentimientos de trascendencia, de sensaciones saludables, de encuentros humanos, fuente de amor y de crecimiento al conocerlo y vivirlo. *El cuerpo es el lugar del dar y del recibir también como valor y derecho inalienable. Es lo que nos hace dignas, seguras y capaces de ser, hacer y dar, si así lo elegimos.* Desarrollemos esas capacidades sin miedo, con autonomía e independencia.

La historia nos muestra en algunos destellos que en otras épocas ciertas mujeres buscaron salidas para encontrar formas diferentes de vibración espiritual. De algunas de estas prácticas de vida, por ejemplo las de las Beatas, podemos sacar algunas conclusiones.

Estas prácticas han demostrado que es posible para las mujeres desarrollar expresiones propias de espiritualidad y relación con la trascendencia.

Actualmente existen en el Continente algunas comunidades de mujeres que están empeñadas en ello. Se llaman a sí mismas *"Mujer-Iglesia" y surgen como células vivas de apoyo y solidaridad feminista cristiana reclamando el poder usufructuado por las jerarquías masculinas,* que no permiten que las mujeres ocupemos los lugares que nos corresponden, para aportar creativa y libremente nuestras vivencias y *cuestionar el plan que Dios, se supone, tenía para nosotras.*

La diosa dando a luz al dios
Códice Nuttall

"LA IGLESIA QUIERE TENERNOS ENCADENADAS CON LA CULPABILIDAD"

La idea del sexo unida al "pecado," a la "suciedad" no sólo proviene de las enseñanzas de los Padres de la Iglesia. Quinientos años de influencia ibérica-católica hicieron de América Latina un continente donde la religiosidad se mezcla con el fanatismo, y donde los cuerpos de las mujeres siguen colonizados. En esta conversación con Cristina Grela y Sylvia Marcos, dos integrantes del equipo que participó en el proyecto editorial de Mujeres e Iglesia: sexualidad y aborto en América Latina, *se pusieron en el tapete asuntos tan explosivos como el derecho al aborto, las represiones sexuales que sufren las mujeres y la influencia de la Iglesia Católica en sus vidas. A continuación transcribimos esta conversación.*

Ana María - Los sentimientos que albergan las mujeres latinoamericanas sobre el sexo son siempre contradictorios. El modelo hispánico de mujer sigue siendo el de la Virgen María a pesar de la modernidad, de la píldora y las relaciones pre-matrimoniales, aunque éstas se viven con culpa.

Cristina - Para las mujeres latinoamericanas la sexualidad siempre es culpa, o sea que el hecho de vivir una sexualidad sin culpa ya es una utopía. Por otra parte la práctica del sexo se santifica a través de la maternidad, de esta manera se puede vivir una sexualidad permitida siempre que sea dentro del matrimonio y para tener hijos. Para mí el primer aspecto sería entender el tipo de propuesta para las mujeres latinoamericanas de cómo vivir la sexualidad, porque siempre la gente ve a la sexualidad como algo sucio, algo que se hace porque los hombres quieren, porque los hombres te obligan, es decir las mujeres sienten que su sexualidad le es ajena. Esta sexualidad se relaciona más con la genitalidad, con el manoseo que significa para las niñas desde muy chicas ser "la pila de agua bendita" donde todo el mundo puede tocar. En los Talleres sobre Violencia Sexual que trabajé en Montevideo muchas veces las mujeres ni siquiera recuerdan hechos concretos de haber vivido violencia sexual, pero cuando nos remontamos a su niñez todas recuerdan haber sido tocadas, usadas, manoseadas por algún hombre, especialmente hombres viejos. Los padres, los tíos, les hacían tocar el pene erecto, les decían "toca aquí." También recuerdan haber sido manoseadas en el bus, en la estación del tren, en las paradas del ómnibus o por alguien que va en bicicleta, y en la pasada, les toca el trasero. Estos son recuerdos para todas las mujeres latinoamericanas. Entonces, cómo no vas a unir la idea de la sexualidad a lo sucio, cuando has sido manoseada desde niña por alguien que usó tu cuerpo de una manera totalmente arbitraria. Cuando no entendías todavía que tu cuerpo era tuyo, algo sagrado para tí misma ya alguien pasó, lo tocó, lo manoseó o te hizo tocar un pene erecto cuando tenías cinco años. ¿Cómo no lo vas a relacionar con lo sucio?

Sylvia - Yo quiero referirme a un nivel macrosocial más allá de la experiencia personal. Yo también puedo decirte que a lo largo de 15 años de ser psicoterapeuta feminista o psicoterapeuta para mujeres, yo no recuerdo una sola mujer que no me haya contado una experiencia como ésta, muchas veces es el padre el que ha abusado de ellas, el abuelo, el tío, el hermano, el padrastro.

Si el hombre actúa así es porque estamos insertos en un juego donde el sexo es sucio y donde la mujer es una especie de objeto abusado sexualmente, donde ella lo único que puede decir es "mi marido me usó cinco veces esta semana" o "me usó anoche." Porque se trata de una sexualidad donde el agente activo es el hombre, y punto. El es quien tiene derecho y lo ejerce con violencia. El es el único que parece que lo necesita, pero la mujer no. Esas muchachas que cuentan experiencias de que las tocaron y que se sintieron mal, una lo analiza psicológicamente que se sintieron mal porque algunas sintieron placer, por lo menos.

El problema que yo he constatado en las violaciones en el sentido más amplio del término, no en el sentido de la fuerza bruta, sino de aceptar que el novio te toque más de lo que tú quieres o de lo que te dijeron que deberías aceptar, no es tanto el hecho de habérselo permitido, cuánto de haber experimentado un placer que muy frecuentemente las mujeres no quieren aceptar.

Cristina - Eso genera entonces un miedo al placer en esas primeras etapas de la vida. Porque si hay un placer en una situación de violencia, entonces es un placer descoordinado con la idea de la vivencia saludable de la sexualidad.

La Virgen María nunca sintió placer

Ana María - Llegamos a un punto en que el placer, la experiencia del placer o lo que es el término placer, está ligado al dolor, está ligado a la culpa, pero eso tiene que ver mucho con la visión católica del sexo como pecado. Discutamos esta contradicción que nosotras personalmente hemos vivido, en la medida que en el colegio las monjas nos han dicho que el placer es malo, porque la sexualidad solamente tiene que ver con la procreación, entonces el hecho que una mujer se enfrente a la experiencia del placer le va a traer siempre dolor, culpabilidad y a veces eso deriva en la frigidez.

Sylvia - Esto me recuerda a un sacerdote. Mi madre me confesó que ella nunca había gozado, esa fue mi introducción a la vida sexual, una madre que me dijo "no, a mi nunca me gustó, hija, son esas cosas que son asquerosas," pero cuando se fue a confesar con un tal padre Menendez que era uruguayo casualmente, que vivía en Monterrey, en el norte de México, ella le dijo,

"Padre, yo no puedo aceptar mucho a mi marido porque a mí no me gustan esas cosas." El le contestó: *"Hija, no te preocupes, la Virgen María nunca sintió placer, tu sigues ese modelo, tú estás siguiendo de cerca lo que la Virgen María sentía."* Esto es de confesionario y eso le pasó a mi mamá.

Entonces éste es mi primer acercamiento al tema de lo sexual, claro que yo era demasiado revoltosa para dejar que eso me afectara, pero en realidad cuando eres una chica tímida, medio guardada en la casa, te casas a los 16 o 17 años, ¿qué otra cosa te queda? No te queda más que imitar a tu mamá frígida. Aunque yo estoy segura que mi mamá, quien era una mujer bella, en el fondo era una mujer muy fogosa, pero había bloqueado toda expresión de su erotismo.

Aunque no todos nos proclamemos católicos en América Latina, todos estamos bajo la influencia de una ideología moral católica, no importa quien sea, desde el comunista más radical, estamos bajo la influencia de la moral católica.

Cristina - La moral católica que es patriarcal. En estudios que he leído últimamente se habla que al comienzo de la historia las mujeres vivíamos la multiorgasmia como un hecho natural, entonces viene la preocupación de los hombres de tratar de negarnos esa capacidad.

Porque toda esta historia de la clitoridectomía en las mujeres africanas tiene su base muy anteriormente en una clitoridectomía mental fabricada por la cultura contra las mujeres. Miedo a la idea que las mujeres sientan placer porque realmente son más capaces y más potencialmente desarrolladas para el placer, pero el placer para las mujeres significaba abandonar a las crías para tener más vida sexual activa, y esto no podía permitírseles.

Sylvia - Yo quisiera hablar de otra experiencia mía que apoya esta teoría, ahora en el siglo nuestro y en México, con mujeres modernas. Es una anécdota de mi práctica de terapeuta. Un día, llegó a mi consultorio un señor que decía: "Doctora, le traigo a mi mujer, es frígida, cúremela." Le pregunté a este señor si él creía que no tenía nada que ver en la frigidez de su mujer, porque generalmente el hombre sí tiene mucho que ver con esto. Empecé a trabajar con la mujer y ella empezo a hacer ciertos cambios internos, a liberarse, empieza a experimentar lo que Cristina llama "multiorgasmo," porque las mujeres podemos tener veinte orgasmos cuando el hombre tiene sólo uno. Pero, el hombre no tardó en manifestarse otra vez. Llegó al consultorio y me dijo: "Doctora, mi mujer ya se está pasando." "¿Qué le ocurre a usted?" le pregunté, "a ver, cuénteme ¿qué tiene? ¿qué le preocupa?" Y en la conversación que tuvimos en seguida apareció que el hombre tenía miedo. Si su mujer sentía tanto--me decía--él no iba a ser capaz de satisfacerla y entonces ella iría a buscar otro hombre.

Total que el hombre decide cuándo y cómo debe sentir su mujer, quiere que ella sienta de acuerdo a sus deseos de hombre, pero nada más. A la hora en que la mujer siente demasiado, él se ve amenazado en su virilidad limitada a un orgasmo. Aunque también es cierto, no todos los hombres se sienten amenazados.

Cristina - Para el hombre la satisfacción de la mujer es "yo logré que ella tuviera placer," es siempre un acto de él, parte de la posición de que "yo soy tan hombre, yo soy ese gran hombre que tiene de compañero." Es decir él como experto dentro de la pareja, es quien da placer. Por eso, es tan fundamental para las mujeres adquirir independencia y autonomía para poder entender que es posible vivir una sexualidad placentera de acuerdo a nuestros deseos. Para nosotras que hemos vivido y seguimos viviendo la etapa de las dictaduras, hemos visto cómo, a las mujeres, se las ha instrumentalizado para convertirlas en seres pasivos, confiriéndoles un rol biológico. De esta manera a las mujeres se las mantiene en la ignorancia y en la pasividad. Se refuerza la idea que es el hombre el que te da, el gran maestro, él que desarrolla todas tus capacidades. Esa dependencia tan brutal de la sexualidad genera mucha culpa por sentir placer sola, o sentir las potencialidades que el cuerpo tiene.

Sylvia - Otra cosa que yo considero también significativa, en relación a la frigidez, es que muchas mujeres tienen su primera relación sexual con un marido brusco. De esta manera, su iniciación erótica es una violación. Y eso viene a reforzar lo que les han enseñado, que ellas no deben sentir, que no deben demostrar que les gusta. Por otro lado, el hombre con frecuencia se vale de la violencia en las primeras relaciones sexuales, como si fuese para afirmar su hombría o confirmar la posesión del cuerpo femenino. ¿Cómo borras eso?

El Orgasmo de las Burguesas

Cristina - Una cosa que es interesante de ver con respecto a los mitos sobre la sexualidad femenina es que muchas veces las mujeres de clase más alta piensan que las mujeres de sectores populares sienten muchísimo, creen que las mujeres son más libres, que pueden tener relaciones sexuales más satisfactorias, que disfrutan más de su sexualidad.   Y las mujeres de clase popular piensan que las de clase alta como no tienen problemas de dinero, cuando se relacionan sexualmente deben disfrutar mucho más.   Hay cantidad de mitos que tenemos entre las mujeres sobre como disfrutan las otras.   Llegas a la conclusión cuando trabajas con grupos heterogéneos de mujeres de diferentes clases que a todas les ha pasado más o menos lo mismo, y el mito de que las otras disfrutan más es solamente un mito, porque ninguna disfruta mucho.

Ana María - Llegamos a un punto que creo que es importante. Generalmente dentro de algunas izquierdas, también dentro de ciertos sectores feministas se piensa que introducir los temas de la sexualidad, del orgasmo y de las relaciones de la pareja en los grupos de mujeres populares es absolutamente imposible porque las mujeres populares no piensan en esas cosas, porque temas como el orgasmo y el placer son temas que preocupan sólo a las burguesas.   O sea, por un lado está toda esta visión simplista de la sexualidad cuando se dice que las mujeres de sectores populares son "más libres," que no les afecta nada tener varios hijos, porque "su sexualidad es esa."   Pero también está la otra posición, la de los grupos progresistas que dicen "Cómo se les va a hablar a la mujeres populares de orgasmo?"

Cristina - Yo creo que la sexualidad es un derecho de toda mujer viva donde viva, sea de la clase social que sea, porque a través de la sexualidad se tiene la experiencia de una vivencia plena de una misma, el conocerse a sí misma a través de su sexualidad, de la plenitud de su sexualidad. Cuando una se siente usada, cuando no se siente el placer como algo palpable es como tener una experiencia de vida a medias tengas o no comida, puedas comer afuera o no, puedas ir de vacaciones a un balneario o te quedes en tu casa. Pero la experiencia de trascendencia que significa vivir el placer es un derecho que todas las mujeres tenemos y que hay que aprender a conocerlo. Yo creo que no es necesario de repente saber la palabra orgasmo para vivir eso. Es una experiencia que integra justamente todos los elementos que tenemos como personas humanas, integra lo que una es, lo que se siente, cómo se relaciona con los otros, cómo vive esa experiencia. Por otra parte, yo creo que para todas nosotras el orgasmo es una experiencia personal. Por eso es tan difícil explicarla. En todo caso es un derecho de todas. No lo es sólo de las burguesas ni de las ricas ni de las pobres ni de las marginadas. Es a través de esa experiencia que una es mujer.

Sylvia - A propósito del orgasmo yo recuerdo que David Cooper lo definía como el momento o el instante sin tiempo, afuera del tiempo. Es una experiencia en la que no entra la percepción del tiempo.

Cristina - Es una experiencia personal, porque eso es no estar en el tiempo. Asi tengas o no pareja, ese instante es una experiencia mía. Ahí recuperas a tu yo, lo que eres. Ese saludable egoísmo es tu placer sexual, a pesar de la noción del orgasmo simultáneo y todo eso, lo saludable está en que es un encuentro contigo. Es el momento de tu placer, saludablemente tuyo. Pero, ¿cómo es posible para las mujeres tener un momento saludablemente de ellas, cuando toda su vida se basa en el servicio de los demás? ¿Cómo enganchar un tiempo de placer para ellas saludablemente egoísta cuando y toda la vida de las mujeres es dar y dar? Porque cuando sentimos la necesidad del placer que sale de nosotras mismas, no preguntamos: ¿Estará bien eso? De inmediato nos viene la culpa.

Sylvia - Quería decir algo con respecto a las clases populares; creo que hay que considerar la diversidad de los contextos. Uno es el del Uruguay, pero están también las realidades distintas de México, Perú, Colombia, por ejemplo, donde hay un trasfondo indígena bastante fuerte: ahí encuentra una un montón de contradicciones. Porque, por un lado siento que, como se mencionó, es criticable el propósito de "llevar a las clases populares las necesidades del orgasmo" porque éstas parecen nacidas en la clase burguesa. Es algo que sí lo analizamos en profundidad nos remite a la característica cultural de la división entre lo público y lo privado. En las culturas populares con rasgos indígenas, lo privado es lo íntimo y lo íntimo no se habla en público, o por lo menos no como se hace en las clases medias "europeizadas." Por otra parte, aún a las mujeres "latinas" o mestizas les cuesta mucho hablar de su "sexualidad." Me refiero más específicamente a las campesinas migrantes con las que yo he trabajado. ¿Por qué? Porque ellas sienten que hacerlas confesar estas cosas es sacarlas de su cultura, enajenarlas de su modo de tratar el placer erótico. Pero cuando trabajas con ellas varios años, cuando logras pasar un poco más allá de las barreras, cuando te haces amiga, entre mujeres sí lo van hablar. Pero, no al estilo de que "vamos a vernos el clítoris, vamos a examinarnos la vagina;" eso escandaliza a las señoras migrantes rurales en México. Esto hay que entenderlo no tanto como una falta de placer o de capacidad de gozar, sino como un uso o un manejo diferente de lo que llamamos "sexualidad." Y sospecho que el conflicto básico estriba en modos diferentes de concebir la diferencia entre lo público y lo privado. Lo "sexual" es privado o mejor dicho "íntimo" y eso no se publica. Pienso que nosotras, como feministas latinoamericanas, tenemos que tener la suficiente sensibilidad para ver qué aspectos de esta liberación o "realización sexual plena" de las mujeres, ellas van a tomarlas por ellas mismas.

Cristina - Yo creo que cuando las feministas trabajamos con otras mujeres, nosotras nos involucramos como mujeres. Esto es muy distinto a un trabajo de promoción, de promoción educativa. Nosotras somos parte de la dinámica y nuestra experiencia está puesta de la misma manera que las de mujeres populares, burguesas, o aristócratas. Estamos metidas ahí, como mujeres, porque en definitiva la esencia de todo es que todas somos mujeres y latinoamericanas. Hay una diferencia entre trabajar con mujeres a nivel de promoción que trabajar con mujeres desde la perspectiva feminista. Pero muchas veces, no nos metemos adentro o tenemos resistencias, o miedo de hablar de nosotras mismas. Sólo cuando lo hemos asumido y lo vivimos con naturalidad, podemos hablarlo con otras mujeres porque sale no con las palabras de los libros, sale con las palabras de tu propio cuerpo, de tu propia experiencia. Cuando nosotras empezamos a trabajar la idea fue hacer algo más educativo. Pero después llegamos a la conclusión de que no era necesario saber dónde estaban los órganos, ni qué pasaba con los órganos cuando hablábamos de sexualidad, sino que debíamos hablar sobre las propias experiencias. Por otra parte, no vas a empezar un taller de sexualidad trabajando el tema de autoexamen porque las mujeres se inhiben con razón. Aunque el autoexamen--también pueden ser láminas y dibujos --les abre un panorama y las mujeres dicen "¿así que tengo varias cosas ahí? tengo unas cosas que me hacen sentir placer."

¿Sexualidad indígena versus sexualidad occidental?

Sylvia - Es cierto que hay culturas indígenas patriarcales, nadie lo duda, hay de todo tipo. Pero lo único que yo considero que es muy importante para nosotras, feministas, que estamos trabajando con mujeres de sectores populares y sobre todo en las regiones donde hay núcleos fuertemente indígenas, es no universalizar las diferencias que tú mencionas entre lo público y lo privado al modo como se dan en nuestra clase social, en nuestro grupo, en nuestro ambiente de gentes educadas que han ido a la universidad, que han viajado. El tipo de percepción de la dualidad "público-privado," sobre todo en tanto a "la sexualidad," es diferente de las percepciones populares. O sea, yo me refiero a una sociedad, como la que describo en mi artículo, en donde habían instancias de erotismo trascendente, instancias donde la erotismo era parte de un rito religioso, instancias donde las mujeres gozaban desenfadadamente de su cuerpo. Hay varios elementos tan contrastados que no nos permiten generalizar. Aquí la manera de entenderse a sí mismo y a la sociedad no corresponde a nuestra oposición entre "lo público" y "lo privado." Hay otra forma--y quizás otra "temporalidad"--de gozar el cuerpo que la que prevalece en nuestro contexto, y hay también otra permisividad que no existe en nuestro contexto, por eso hay que tener el cuidado de no tomar nuestro universo como punto de referencia cuando queremos trabajar con mujeres de otra clase, de otra cultura. Puede ser que sea menos diferente con las mujeres urbanas de clases populares. Con las mujeres indígenas hay todavía una barrera mayor. O sea tú actúas con lo que tienes. Es lo que se llama proyección en psicología. Proyección es creer que el otro siente lo que tú sientes, que privatiza lo que tú privatizas, que culpabiliza lo que tú culpabilizas. Debemos tener la sensibilidad para saber que estamos tratando con otro mundo que se organiza en forma diferente. No estoy diciendo que es perfecto, pero sí que se organiza de manera diferente. Pero además el mundo indígena puede darnos algunas sorpresas. En muchas monografías sobre la situación del campo en México, de repente nos enteramos que la mujer indígena aparece con una libertad frente a su sexualidad que escandaliza a la etnóloga clase media, que viene a entrevistarla.

O sea, puede ser que una mujer, no me refiero a la mujer campesina que está bajo un patrón de propiedad de la tierra, de propiedad de la familia y de las relaciones sexuales muy esquematizadas, sino a la mujer que vive en núcleos fuertemente indígenas y que ve su sexualidad en forma diferente. Esta mujer tiene otra relación con su cuerpo y con su sexualidad. Claro que también está sometida, yo no estoy diciendo que las mujeres indígenas sean las grandes liberadas, pero el tipo de sometimiento de esas mujeres no es el mismo que experimentamos nosotras.

Ana María - No evidentemente, pero están sometidas. A mí sí me preocupa la idealización que alguna gente hace sobre todo lo indígena. Yo creo que todas las culturas en general son culturas patriarcales, que tienen dinámicas patriarcales. Por otra parte, como tú dices, las experiencias sexuales y la forma como las mujeres asumen su cuerpo en estas culturas puede que sean diferentes.

Aborto: decisión en soledad

Cristina - Yo diría que esto de separar el mundo de la sexualidad en el ámbito de lo absolutamente privado es incompatible con el tipo de sociedad que todas queremos. Porque mientras se mantenga la sexualidad en el terreno de lo privado, no va a ser posible una apertura, una salida de liberación porque la sexualidad es un tema central.

Ana María - Efectivamente se considera que la sexualidad es algo privado, algo de lo que no se debe hablar. Nada de lo que nos pasa con nuestras parejas, con los cambios de nuestro cuerpo, con la experiencia de hacerse un aborto. Nada de esto es importante, tampoco político. Esto en especial con el aborto. No debe trascender. Ahora yo me pregunto: ¿esta experiencia de hacerse un aborto por la cual todas las mujeres hemos pasado y vamos a seguir pasando, cómo es que la estamos procesando desde el movimiento, sobre todo cuando se dice que no es oportuno tocar el tema porque las mujeres se van a asustar, porque la Iglesia nos va a atacar, etc. Yo creo que todo tiene que ver con que la experiencia sigue viéndose como algo muy privado de la que no tenemos que hablar. Pasamos por el aborto pero no queremos hablar del aborto, ni exponerlo públicamente.

Sylvia - Yo puedo hablar nada más de mi propia experiencia. Cuando me hice un aborto me acuerdo que tenía todo el apoyo, tenía cien apoyos, pero había un nivel donde yo estaba sola. Digo que ahí hay algo filosófico o quiza tiene que ver cómo nos formaron y que no podemos superar, ¿verdad? Que ya crecimos con determinados valores muy católicos, muy filosóficos profundos, de aislamiento, de soledad. Porque yo recuerdo que tenía el apoyo de todas mis amigas. Tuve un doctor que no me criticó, hasta mi marido me dijo: "tú eres la que lo vas a tener, cuenta conmigo para lo que decidas." O sea, no fue una situación terrible. Fuí a una clínica buena, un lugar limpio, donde atendían cada media hora a una mujer. Este médico atendía unos diez abortos diarios en esa clínica. Tuve todo lo idealmente necesario para pasar por la experiencia de otra forma. Y sin embargo, yo recuerdo que fue muy traumático porque me sentí sola. Sentía que había un nivel existencial profundo donde estaba sola. Y era mi decisión y me pesaba el mundo sobre las espaldas. Entonces yo lo viví duro.

Cristina - Pero esa soledad, me parece, engancha con lo que hablamos del placer también. Que ese momento de dolor como ese momento de placer también se vive mal y con culpa, porque no estamos organizadas internamente para vivir experiencias de este tipo solas.

Sylvia - Porque la soledad nos pesa mucho, nos pesa demasiado la responsabilidad de la soledad. Entonces yo por eso en ese sentido digo que sería más humano por ejemplo que las mujeres no tuviéramos que decidir solas. Por eso del *freedom of choice* pero luego te queda toda la responsabilidad a tí sola. Aquí hay una cosa que todavía no me clarifico conmigo misma. Podría ser que sean dos a la hora de decidir y que el otro diga "si, yo quiero que te lo hagas." Como para quitarte un peso de encima, entiendes. A nivel vivencial estoy hablando, no a nivel político.

Cristina - Cierto, pero a nivel vivencial siempre estamos dominadas, al decirte el otro "si, háztelo, te lo mando," es como decirte "Hazte responsable de mi vida." Pero yo quisiera volver al tema de la soledad. Es cierto de alguna manera lo que dices Sylvia, pero también es cierto que decidir acompañada es como sacarle el cuerpo al problema. Las mujeres nos pasamos la vida buscando la aprobación de todos, para que nos quieran, delegando en otros las decisiones. Regulando nuestro espacio íntimo para quedarnos vacías. Y siempre hay alguien dispuesto a ocuparlo: los novios, los maridos, los hijos, los gobernantes. Ellos decidiendo por nosotras, pobrecitas, indefensas mujeres, el sexo débil.

Sylvia - No que "te lo mando," no estoy diciendo que sea así. Ni siquiera que te lo apruebe, no se trata de buscar aprobación, es que necesitas alguien que comparta la responsabilidad contigo. Ese es el nivel, no alguien que me diga: "sí, ándale"; no, tampoco van a mandar sobre mi cuerpo, yo no quiero eso. Más bien alguien que me diga "estoy de acuerdo contigo, pienso que está bien hecho" Claro que eso se da a nivel de las compañeras. Recuerdo que ellas me decían "sí, mira, está bien, después te vas a mi casa y te acompaño." Una de ellas me acompañó además porque tuve que regresar, porque me lo hicieron mal. A los cuatro días otra vez, fue tan grave y yo sabía que estaba en peligro de muerte. También por eso para mí no fue sencillo. Entonces mis recuerdos no son nada agradables.

Cristina - Así es. Es como pasar por el filo de la muerte, pasar por momentos de dolor.

Las transgresiones del aborto

Ana María - Yo creo que lo que dices es cierto, porque las mujeres estamos para dar la vida. Así que hay ahí un elemento filosófico muy fuerte que va más allá de toda convicción política como: "mi cuerpo es mío, yo decido, y esta cosa de la culpabilidad la he superado." Yo creo que en el fondo el aborto es una cosa difícil para cualquier mujer. ¿Será por eso que la causa del aborto dentro del movimiento feminista en America Latina no ha sido asumida como una reivindicación central y política, por todas estas cuestiones que tienen que ver con el tipo de religiosidad y la formación católica hispánica que hemos recibido las latinoamericanas? Yo siento que hay mucho de eso. Pero por otra parte el aborto es una realidad que no podemos ocultar y lo mínimo que podemos hacer es luchar para que todas las mujeres tengan la posibilidad de hacerse una intervención en condiciones sanitarias aceptables y que al mismo tiempo no sean castigados por hacerlo.

Cristina - Claro, pero yo digo que si el aborto se toma como reivindicación central del feminismo se corre el riesgo--y las feministas tampoco queremos--de perder la participación de muchas mujeres. El camino es largo y debemos caminar juntas. Ponerse con la bandera del aborto, pensando en Uruguay, significaría convertir al grupo feminista en un pequeño grupo de lucha y de trabajo, pero una cantidad de mujeres quedaría afuera y quizás en contra.

Ana María - Me parece que es una cuestión de estrategia nada más. Pero, hay otro elemento que yo creo importante en todo esto y que es la maternidad. La identidad de la mujer latinoamericana está en ser madre antes que nada. Entonces con el aborto estás tú transgrediendo todo el tiempo esa identidad, la de ser madre. Las mujeres en América Latina se identifican como madres antes que con cualquier otra cosa.

Cristina - Por eso, el tema del aborto no es fácil, tampoco es fácil por todo el peso del catolicismo hispánico. Sin embargo, sí estamos comprometidas en trabajar porque las mujeres tengan acceso a la anticoncepción y de tratar de que el aborto sea el último recurso cuando falló el anticonceptivo, porque sea en Latinoamérica o en cualquier otro lugar del mundo, hacerse un aborto, como Sylvia dice, es algo difícil y que duele. No es irse a cenar.

Sylvia - No es irse a sacar una muela como decían en el principio del movimiento feminista.

Ana María - Es cierto hay feministas que aseguran que hacerse un aborto es mejor que tomar la píldora.

Sylvia - Yo siento que a un nivel militante tu puedes creer que tienes todo resuelto. A nivel político tú tienes todo organizado racionalmente, ¿verdad? Yo había acompañado a mujeres para que se hicieran un aborto, les había conseguido el contacto. La verdad que cuando me pasó a mí, había cosas que yo no tenía resueltas sobre el aborto. O sea que hay siempre un nivel interno más profundo donde una no sabe qué cosa se le escapa.

Cristina - Pero si el feto también tiene valores privados, políticos, y públicos. El feto no es esa célula aglomerada, sino que con todo lo que incide la cultura y el peso político, tu útero es un útero público. Y el feto es tuyo pero no es tuyo. El feto tuyo es mexicano, peruano, o uruguayo pero también es de la Iglesia, y es de Dios.

Ana María - Ahí está el nudo del asunto. Por eso la desesperación de las mujeres. Porque las feministas estamos viendo que todos los días las mujeres mueren en América Latina por un aborto practicado en condiciones precarias.

Cristina - Cuando yo estaba embarazada, desde el principio consideraba como considero ahora, que mis hijos no son míos sino son de la vida, que aunque el feto estaba dentro mío, no era mío. Te das cuenta, el feto no era mío sólo, el feto es un proyecto de ser, es otro. Entonces aquellas células que se están formando no es tu cuerpo es algo que es otro.

Sylvia - Esto es muy interesante. Veamos la historia. ¿Qué pasaba en 1700 y pico? Hay una mujer, una historiadora feminista que ha hecho una investigación de las dolencias registradas en archivos por un doctor, a quien consultaban puras mujeres. El Dr. Storch era un doctor curioso que se puso a apuntar todos sus casos y a escribir ampliamente cómo esas mujeres veían eso que se estaba formando dentro de ellas. No lo veían como tú y yo lo vemos hoy, no se veían como un ser habitado por alguien más. No era nada, no era otro ser, era parte de su cuerpo. Lo que viene después es un fenómeno de la modernidad, de la construcción científica. Por eso también mi dificultad con estas cosas de verse por adentro y todo, no es tanto el verse, sino que tu exportas un modelo "científico" (entre comillas) que pertenece a la época moderna que me dice que estamos así o asá. Entonces tú ya estás dando una conceptualización del mundo.

Cristina - Ahora volviendo al tema de lo del feto público y de la Iglesia, vemos que existe una contradicción de la Iglesia tradicional y jerárquica, de valorar esa fecundación en función de las futuras almas cristianas cuando de ninguna manera se hace cargo del desarrollo de ese ser.

Ana María - No sólo la Iglesia es contradictoria--también lo es el Estado cuando obliga a las mujeres "dar hijos para la patria."

Cristina - Una cosa que dije cierta vez en la radio sobre el aborto, a propósito de lo que declaró un diputado de Uruguay: "pues lo que me pasa con el tema del aborto es que yo sueño con otro uruguayo feliz." Yo le contesté: "Yo también sueño! Pero no es un naranjo el útero de las mujeres que le salen naranjas. El útero no es un naranjo que da naranjas: y ¿quién cultiva esas naranjas? Las mujeres solamente." Porque la realidad es que hay niños que mueren de diarrea y de otras enfermedades porque no hay los medios suficientes para que ellos vivan.

Placer sin maternidad

Sylvia - Y además ¿quién dice que toda relación erótica deba desembocar en una concepción, en un embarazo?

Ana María - Por eso creo que la gran revolución que se dió en el siglo XX fue el descubrimiento de la píldora porque permitió separar la relación sexual de la procreación.

Cristina - Pero también cuando fallan los métodos anticonceptivos esto no sólo deshace la vida de las mujeres, por detrás está el haberse dado permiso de vivir un placer sin maternidad. Ahí está otra vez el tema de la culpa. ¿Cómo se puede experimentar placer si viene unido con la idea de lo sucio, unido con la idea de tener derecho al placer sin hijos, si sabemos que en Latinoamérica el embarazo en adolescentes va en aumento por desconocimiento de métodos anticonceptivos y el no acceso a ellos. Aunque hay mujeres que se embarazan sólo para poder decir que son fértiles, y ser así "mujeres completas."

Sylvia - Es el "ser madre," como dices tú, la identidad primaria de la mujer.

Cristina - Entonces ¿cómo no va a complicar el tema del aborto, por favor?

Ana María - Bueno yo creo que llegamos al convencimiento de que nos han impuesto una sexualidad, una manera de vivir la sexualidad con todos los complejos y culpas. Pero, también comenzamos a descubrir que la sexualidad tiene otras expresiones. Claro que muchas mujeres al descubrir que no solamente pueden vivir su sexualidad con un hombre, sino que es posible hacerlo con una mujer se aterran o se sienten absolutamente culpables. Volvemos a la culpabilidad. Me gustaría que reflexionáramos un poco sobre lo que representa la heterosexualidad impuesta y de qué manera ella constituye una opresión para todas las mujeres, seamos mujeres heterosexuales o no, en la medida que se nos impone un modelo de sexualidad de acuerdo a los deseos masculinos.

Cristina - Yo creo que va todo absolutamente enganchado, ¿no? No hay límites entre una cosa y la otra. Es decir, si el proyecto para las mujeres es la maternidad, por supuesto que el camino es casarse y tener hijos. Porque claro para tener hijos hay que vivir con un hombre. Porque lo santificado es dentro del matrimonio, así que hay que vivir con él, servirlo y ademas tener hijos. De manera que ahí se hacen presentes los mitos. Un mito es la crianza de las niñas para la maternidad a través de los juegos, las muñecas y todo eso. Todo lo que tiene que ver con la educación formal también en la escuela en cuanto a los roles. Yo digo que las maestras también tienen un papel importante en el proyecto educativo de las niñas. Y el otro es el mito de la pareja, no sólo hay que vivir con un hombre, también está el mito de que tienes que tener un hombre al lado para ser una mujer. De lo contrario eres media gente, porque solamente a través del matrimonio tienes seguridad. Te tienes que enamorar del tipo, buen mozo, parecido al príncipe de los cuentos infantiles. ¿Qué libertad puedes tener de enamorarte de una mujer, de darte permiso de sentir amor? Ni se te ocurre, cuando hasta el amor es un sentimiento que está manipulado, conducido por toda la situación de dominio que vivimos las mujeres.

Nuevos sentimientos amorosos

Cristina - ¿Quién sabe cómo serían esos sentimientos amorosos, si nosotras fuéramos libres? Si fuéramos realmente libres de amar con toda la esencia de lo que el amor significa en cuanto al darse, recibir, y complacerse. No la farsa y la tergiversación de lo que se llama amor en las telenovelas y los cuentos de hadas. Entonces ¿cómo sería si fuéramos realmente libres? No podemos imaginarnos, sobre todo porque en América Latina se vive con más culpa la homosexualidad y el lesbianismo.

Ana María - Se dice que es algo importado de las "gringas," aunque por ahí puede salir un indigenista a ultranza que asegure que en la cultura indigena "no existe eso."

Sylvia - Ay! ¿Pero cómo no? Ya lo hemos visto en los confesionarios. Los curas estaban chocados de ver la libertad sexual que tenían los indios. En una de esas partes están las preguntas específicas para la mujer: "¿Has tenido relación con otra mujer? Era tu madre, tu hermana, tu tía?"

Ana María - Estamos hablando de algo absolutamente subversivo. Porque cuestiona totalmente un modelo de sexualidad basada en lo genital. Ahí está el asunto. Porque trastoca el sentido de las relaciones entre los sexos, la funcionalidad del amor, y sobre todo el concepto de familia, que es ante todo un concepto económico.

Cristina - Claro porque la familia permite que el Estado se desentienda totalmente de sus responsabilidades sociales, piensa en la falta de servicios para atender las necesidades de las madres y de sus hijos.

Ana María - Por otra parte en Latinoamérica todavía sigue funcionando un modelo familia que no corresponde a la heterogeneidad racial, idiomática y social.

Sylvia - En México hay varios estudios sociológicos sobre familias constituidas alrededor de mujeres solas. En los sectores populares son mujeres solas que de repente se juntan con sus hijos, y se ponen a vivir como en comunidades. Recuerdo cuando trabajaba con mujeres migrantes del área rural que habían como cuatro o cinco señoras con seis, ocho hijos cada una. Pues unas se iban a trabajar, otra cuidaba la cocina, otra cuidaba los niños, así se repartían su trabajo de una manera muy autónoma, muy espontánea. Nada político, pero ya formaban esas células de mujeres solas con hijos para vivir juntas y apoyarse mutuamente.

Cristina - Te das cuenta cuántos mitos hay. El mito del amor, el mito de la heterosexualidad, y en todo eso estamos metidas de todas maneras.

Ana María - Yo me pregunto, cuando el obispo o el Papa hablan de la destrucción de la familia, ¿de qué familia hablan? Si ya no existe la familia como ellos la conciben.

Sylvia - Existe ideológicamente como modelo al que debemos tratar de llegar. Ahí es donde nos tienen aprisionadas. Y es que siempre estás en falta. Estás permanentemente encadenada por la culpabilidad católica. Eso es lo que quiere lograr la Iglesia: tenernos encadenadas con la culpabilidad.

Cristina - Pero no tienen derecho.   La jerarquía de la Iglesia de ninguna manera tiene derecho, porque la fe es un don que no viene de arriba hacia abajo, sino que sale desde adentro, con ese sentir la trascendencia que, capaz no está unida a la esencia del catolicismo sino a la esencia más religiosa de los seres humanos.   Se trata finalmente de vivir esa fe como un elemento del estar vivo, y no de obedecer.

La diosa del agua
Códice Fejérváry-Mayer

III

HACIA
LA AUTODETERMINACION

La enseñanza de una muchacha
Codex Mendoza

EL ABORTO Y LA FE RELIGIOSA EN AMERICA LATINA

Rose Marie Muraro

La relación entre fenómenos como el aborto y la realidad económica y social de Latinoamérica sirve de trasfondo a la autora para una interesante excursión por los meandros del magisterio cristiano en torno a las interrupciones provocadas del embarazo, desde sus bases en el Antiguo Testamento hasta su radicalización antifemenina a mediados del siglo pasado. Termina reclamando convincentemente una nueva actitud teológica y eclesiástica que tenga en cuenta la realidad y las necesidades de las mujeres.

Introducción

América Latina es un continente con uno de los mayores crecimientos demográficos del mundo: en 1960 el total de su población era de aproximadamente 296 millones de habitantes y, en 1986, había alcanzado cerca de 393 millones de habitantes, indicando un crecimiento de más de un 3% a.a. Su producto interno bruto es de US$ 483 mil millones; en cambio, y para comparar, el producto interno bruto de los Estados Unidos se estima en US$ 4.169 mil millones, cinco veces más que todo el continente latinoamericano, teniendo una población que no pasa de los 250 millones de habitantes.[1]

Por otra parte, este continente conoce una concentración de riquezas e ingresos inimaginable en el país del norte. Según la CEPAL/ONU, los 80% más pobres ganan un salario anual equivalente a un 20% del ingreso total; los 5% más ricos se apoderan de más del 30% de todos los ingresos del continente.

Además, América Latina es un continente que está regido por su deuda externa. Debe un tercio la deuda del Tercer Mundo; cerca de un 40% de la deuda de México, y 30% de la de Argentina y de la del Brasil, están en los bolsillos de las clases dominantes; así, éstas pueden mantener sus cuentas bancarias en el exterior e invertir en países del Primer Mundo.[2] En gran parte, el resto de esta deuda ha sido aplicado en proyectos grandiosos, cuyos resultados no han podido ser aprovechados por los sectores más pobres de la población.

La deuda en Latinoamérica se paga con la diferencia entre exportaciones e importaciones. A ésto se suman otros problemas económicos y sociales, como la inflación, la disminución de salarios e ingresos, la reconcentración de riquezas, además del hambre y sufrimiento humano.

Los intereses que se pagan por la deuda son controlados unilateralmente por los países del Primer Mundo. En un comienzo, los intereses permanecían bajos. Pero a partir de la década del 80, los intereses subieron exorbitantemente, convirtiéndose en los más altos del mundo. En estos términos, cada punto porcentual del alza de estos intereses corresponde a 600 millones de dólares, que los pueblos están obligados a pagar.[3]

Según la Organización Mundial de la Salud, en este mismo continente ocurren cerca de 6 millones de abortos anuales. Evidentemente, la situación de la mujer en nuestro continente, en relación a la del hombre, no está mejor que la situación de aquellos 121 países (incluyendo los desarrollados), que las Naciones Unidas encontraron en un estudio dedicado a la década de la mujer. La mujer, por ejemplo, hace dos tercios del trabajo mundial, pero gana sólo un tercio del salario global. De cada cien personas en el poder, sólo una, en promedio, es mujer. De cada cien personas que poseen riquezas, sólo una, en promedio, es mujer.

Es esta misma mujer discriminada la que desempeña doble faena de trabajo sólo por el hecho de ser mujer; desde luego, su esfuerzo da un enorme provecho al sistema, especialmente las mujeres de raza no blanca (indígenas y negras en el caso de América Latina), que constituyen la mayoría, en nuestro continente, y es al control de su sexualidad que se vuelca la prohibición del aborto. Un aborto, para ella, es un acto lleno de culpabilidad; y este sentido de culpabilidad se relaciona directamente con el hecho de que ella pertenece a la religión Católica. En tal contexto, intentaremos a continuación un breve análisis de las etapas del Magisterio oficial de la Iglesia sobre el aborto, empezando por la Biblia y los orígenes, hasta llegar al presente. A la vez, procuraremos tomar en cuenta algunas señales para nuevos caminos teóricos y prácticos que, de una u otra manera, puedan ayudar tanto a la Iglesia como a la población en general, a alcanzar de una vez este Reino de Dios y Su Justicia, que todos anhelamos.

El pensamiento religioso
El aborto en la biblia

En la Biblia no existe ninguna mención explícita condenando el aborto. Por el contrario, el único pasaje que se refiere directamente al aborto se encuentra en el Antiguo Testamento--Exodo, 21-22, 24--que apunta en otra dirección.

> Si dos hombres pelean y ocurre que vayan a herir a una mujer embarazada y ésta aborta sin ningún daño, estos tendrán que pagar una multa impuesta por el marido de la mujer y que será pagada en presencia de jueces. Pero si la mujer es dañada, se pagará vida por vida, ojo por ojo, diente por diente, mano por mano, y pie por pie, quemadura por quemadura, herida por herida, golpe por golpe.

Como se puede ver, la muerte del feto no tiene valor primordial en la cultura judía; por su muerte sólo se tenía que pagar una multa a un futuro padre. En cambio, si la mujer fallecía o era herida, el daño de su cuerpo desencadenaba un proceso de venganza y castigo.

Había un tiempo en el cual aborto y el infanticidio eran ocurrencias corrientes. Por otro lado, el concepto griego de Aristóteles sobre cuerpo y alma del feto, parece que estaba en el transfondo de la cultura judía. Para Aristóteles, el feto no tenía vida originalmente. Solamente a partir de un cierto tiempo de gestación, el alma le sería infundida. Para el filósofo griego, este momento era a los cuarenta días para el sexo masculino y ochenta para el sexo femenino.[4]

Asimismo, contrariamente a los conceptos católicos contemporáneos, durante el período pre-cristiano se creía que el feto no tenía vida desde el momento de la concepción.

En el Nuevo Testamento no se encuentra alusión alguna respecto al aborto. Sólo algunos textos, como Gl. 5-20, 21; Ap. 9, 21-18, 23; 8: 22, 15., se refieren a los crímenes de origen sexual, que merecen el fuego del infierno y la expulsión del reino de Dios. Sin embargo, en ninguno de estos pasajes se menciona directamente el aborto.

La tradición primitiva

No obstante, una mención directa aparece en tradiciones más primitivas. Si retrocedemos al año 100 d.C., el primer manual didáctico cristiano (Didaque), afirma explícitamente: "No matarás a una criatura por aborto, ni a una criatura recién nacida."[5]

Por su parte, Tertuliano, uno de los primeros pensadores de la Iglesia, presenta este mismo concepto:

> Es un homicídio el adelantar e impedir un nacimiento. Poco importa que se arranque el alma que ya nació o que se haga desaparecer aquella que todavía está por nacer. Y es ya un hombre aquel que vendrá a ser.[6]

El Concilio de Elvira, realizado en la ciudad del mismo nombre en España, en 305 d.C., fue el primero en intentar normatizar la vida sexual de los recién cristianos. Este concilio, además de prometer excomunión a todas las mujeres que abortaban después de haber cometido adulterio, proclamó que la excomunión no podría ser absuelta ni siquiera en la hora de la muerte.[7] Esta afirmación nos revela que el objeto de excomunión era el aborto cometido después del adulterio, no aquel cometido dentro del matrimonio. También, podemos afirmar que, dentro del contexto de la época en que aún persistía el concepto aristotélico del feto, el castigo para una mujer era más severo en relación al adulterio que al aborto, es decir, el aborto era considerado un crimen en contra de la sexualidad establecida y no en contra de una vida.

La *Constitución apostólica*, una colección de documentos apócrifos del Oriente, solamente condenaba la supresión del feto "animado."[8]

En el Occidente, San Jerónimo, en una carta dirigida a Algasia, explicaba que: "El esperma se forma gradualmente en el útero y no se puede hablar de homicidio antes que los elementos esparcidos reciban su apariencia y sus miembros."[9]

En otra carta, refiriéndose a "mujeres que tratan de ocultar su embarazo adúltero, tomando substancias que provocan esterilidad y matan a criaturas humanas no nacidas," se les consideraba culpables de tres crímenes; "de adulterio, suicidio, y asesinato de sus hijos."[10]

Sin embargo, aquí una vez más el castigo estaba dirigido a la mujer adúltera. Por otro lado, la primera cita nos da una preciosa información sobre el concepto vigente del embarazo en esos tiempos, y que era un concepto no sólo cristiano, sino general. No se conocía el fenómeno de la ovulación. Este, y la consecuente participación activa de la mujer durante todo el embarazo y el desarrollo del feto, sólo fueron descubiertos a mediados del Siglo XIX, y, como veremos más adelante, este descubrimiento fue un elemento fundamental para la actitud que la Iglesia tomó hacia el aborto. En aquellos tiempos, se entendía que la mujer era un receptáculo vacío y pasivo, que sólo daba condiciones a un esperma masculino para que éste se desenvuelva. Mediante esa ideología, se puede entender mejor el concepto de feto "animado" e "inanimado."

Así, por el mismo motivo, San Agustín afirmaba:

> Si el problema del alma no puede ser decidido apresuradamente, con juzgamientos rápidos y sin fundamentos, la ley prevee que un acto sea considerado como homicidio una vez que no se pueda hablar todavía del alma viva en un cuerpo privado de sensaciones, en una carne todavía no formada y por lo tanto, todavía no dotada de sentidos.[11]

En otro pasaje célebre, Agustín manifiesta su repulsa moral por cualquier forma de interrupción del embarazo, condenando a aquellos que destruyen al feto y útero, prefiriendo que "su hijo muera antes de vivir, y si es vivo ya en el útero que se quede muerto antes de nacer."[12]

Por fin, tanto Jerónimo como Agustín, aunque hagan una distinción legal entre el aborto de feto "animado" e "inanimado," entienden que deben ser castigados los primeros, y condenados los últimos. Aún más, es esta distinción entre "animado" e "inanimado" la que va a prevalecer en las leyes canónicas a lo largo de los siglos: solamente era castigado el aborto realizado contra un feto "animado."

Las fases posteriores

A partir del Siglo VII esta posición se acentúa cada vez más. Además, el Cánon Aliquando de Graciano[13] sólo prevée punición canónica para el aborto del feto "animado."

Igualmente, el Papa Inocencio III, interrogado sobre el caso de un monje que involuntariamente causó el aborto de un hijo suyo, respondió que el monje era "irregular," si el feto era "vivificado." La misma distinción era mantenida por las Decretales del Papa Gregorio IX (1227-1241). Estas decretales eran de carácter universal y consideraban homicidio el aborto del feto "vivificado." Es el célebre Cánon Sicut Es.

El propio Santo Tomás de Aquino insistía que la animación del feto no ocurría al momento de su concepción.[14] Pero todos los abortos realizados en las fases anteriores a la "animación" eran moralmente condenados. Como sus antecesores, Santo Tomás colocaba el aborto en las primeras fases en la línea de la contracepción, que era generalmente condenada.

Esta posición más tolerante comenzó a tomar consistencia más tarde, culminando en el Siglo XV con Sanches, que consideraba hasta moralmente permitido el aborto de un feto "no animado," siempre que hubiese razones, tales como la violación y el peligro de muerte para la madre, posición ésta que iría a prevalecer hasta nuestros días.[15]

En el Siglo XVIII, el más rígido de los moralistas, el propio San Alfonso de Ligorio, dejaba abierta la posibilidad del aborto terapéutico.[16]

En este mismo sentido, es interesante notar que una Bula del Papa Sixto V,[17] que decretaba que estarían sujetos a las leyes y castigos canónicos y civiles todos los que practicaban el aborto en cualquier fase del embarazo, fue anulada por su sucesor, Gregorio XIV, porque iba en contra de la práctica de la Penitenciaria (tribunal eclesiástico de Roma) y en contra de las posiciones de muchos canonistas y teólogos.

Solamente en 1869 el Papa Pío IX condena el aborto desde el momento de la concepción.[18] Se terminó entonces la distinción milenaria entre feto "animado" e "inanimado." Esto sucedió probablemente por los muchos descubrimientos en el campo de la Embriología, comenzando por el año 1850, cuando se descubre el fenómeno de la ovulación y el papel de la mujer durante el embarazo y el parto.

El resto de los incidentes de esta evolución ya son probablemente conocidos por las lectoras(es). Todos los Papas posteriores, comenzando por León XIII, seguido de Pío XII, el Segundo Concilio del Vaticano, Pablo VI y también todas las Conferencias Episcopales, pasaron a condenar unánimemente al aborto, en cualquier fase del embarazo, excepto en algunas ocasiones cuando la vida de la madre estaba en peligro. Todas estas declaraciones estaban basadas en un principio biológico, el cual decía que la vida humana se presenta en el feto desde el momento de la concepción.

La posición de las Iglesias Cristianas no-Católicas

En los tiempos pre-modernos, las teologías protestantes, especialmente las de Lutero y Calvino, que se oponían frontalmente a la tesis católica/aristotélica del feto formado y no formado eran hasta más severas que la teología católica tradicional, en lo que se refería al aborto.[19]

Afirmaban algunos historiadores que estas nociones habían influido con un mayor rigor que, en el siglo XIX, el Magisterio Oficial de la Iglesia Católica ejerció a través de sus Papas.[20]

El mismo historiador, George H. Williams, explica la mayor tolerancia presentada por los protestantes en relación a los católicos, en tiempos modernos, de la siguiente manera: Williams atribuye esta "inversión de posiciones" a un reciente "Biblismo" literal, "que asimila directamente de las escrituras (aquí el autor se está refiriendo al texto de Exodo 21-22, 24 ya citado), una visión "judía, pre-helenística." El historiador deplora esta tolerancia, que impide que los maestros protestantes se "unan a los más modernos proponentes de teorías genéticas y embriológicas más modernas."[21]

Sin embargo, en el Siglo XX, a partir de los años sesenta, cuando nacen los movimientos de mujeres, y donde el aborto se presenta como tema central, aparecen textos protestantes tomando en cuenta la condición de la mujer.

Algunos fragmentos citados por Fray Antonio Moser, en su libro *Paternidad responsable*,[22] nos pueden dar una idea de los matices de la doctrina oficial de varias Iglesias. El primero es un documento de la jerarquía católica y protestante de Alemania Federal, que dice claramente:

> Desde el punto de vista moral, a excepción del principio de inviolabilidad de la vida que se desarrolla en el seno materno, sólo pueden ser discutidos los casos de conflicto de conciencia, basados sobre un conflicto de deberes.[23]

Aquí ya aparece una apertura para los casos de conflictos de deberes, los cuales, de acuerdo a otras declaraciones, esta vez de la Iglesia Luterana de los Estados Unidos, son más claramente expresados:

> También, si se considera a un feto como un ser plenamente humano, el significado más profundo del quinto mandamiento nos permite mantener que, cuando la intención de un aborto provocado es la de impedir un daño, una injusticia o un mal mayor, el practicarlo no constituye pecado. La tradición cristiana no afirma el

derecho absoluto a la vida. También mantiene que entregar su propia vida, dándose a sí mismo muerte prematura por una buena causa, tiene merecimiento.[24]

Y más adelante:

Ningún hijo debería ser obligado a recibir vida de aquel que no tiene voluntad o capacidad de asumir la responsabilidad del embarazo, la crianza y la educación del niño. Nuestra preocupación por el niño nos obliga a preferir el aborto provocado en caso de un embarazo impuesto, que trae como resultado un hijo no deseado, destinado a sufrir en un hogar hostil, para luego ser entregado a una institución donde todo el amor que se le puede dar jamás podría lograr la superación total del hecho de haber sido abandonado por los padres (. . .) Por esto, apoyamos la enmienda legal que defiende como terapéutica toda interrupción de un embarazo que presente un peligro grave para la salud mental y física de la madre y donde hay el peligro que el hijo nazca con defectos físicos y mentales. Sostenemos también que el aborto debería ser considerado terapéutico cuando el embarazo es el fruto de una violación, incesto, de relaciones criminales, inclusive de relaciones sexuales ilícitas con menores de 16 años. En todos estos casos la interrupción del embarazo debe ser una opción posible aunque no obligatoria. La admisión de estas opciones nos parece más coherente con el amor cristiano y con la libertad responsable que los términos legales vigentes en la mayoría de los Estados.[25]

Otro documento, del Consejo de la Federación Protestante de Francia, en 1973,[26] se pronuncia a favor de la interrupción en ciertos casos límites, en términos similares al pronunciamiento norteamericano:

El Consejo de la Federación Protestante se pronuncia a favor de la interrupción del embarazo en ciertos casos límites como aquel donde el proseguimiento del embarazo arriesga la salud física o mental de la madre o del niño que va a nacer; embarazos que son el resultado de violación e incesto, y relaciones con menores de 16 años. Reconoce, también, que las amenazas de largo plazo, como las deficiencias económicas, sociales y psíquicas, deben también ser tomadas en cuenta.

Una simple comparación de estos últimos textos con la posición católica más conservadora nos daría margen a varias reflexiones.

En primer lugar, las posiciones más conservadoras adoptadas por católicos célibes, misóginos, y jerarquizados plantean una visión devaluada de la mujer como sujeto real reduciéndosela únicamente a la procreación. En el segundo caso, las Iglesias más dispersas y menos jerarquizadas, donde los ministros religiosos son casados y donde comienza a haber un aumento de mujeres sacerdotisas, con poder de decisión en los pronunciamientos oficiales de sus Iglesias, a las mujeres se las valoran y tienen más autonomía en sus decisiones.

Conclusiones

Antes de detenernos en alguna sugerencia con respecto a las actividades de la Iglesia y la condición concreta de la mujer en América Latina, hay que hacer algunas constataciones. La primera de éstas es que la doctrina oficial de la Iglesia Católica sobre el aborto varía según las épocas. Esta tiende a ser más estricta en tiempos donde la Iglesia se está defendiendo de enemigos externos, y más abierta en aquellos donde presenta mayor posibilidad de ejercer el poder. Del mismo modo, este fenómeno se manifestó en la Iglesia Protestante, que al principio era muy estricta, pero que recientemente se ha mostrado más flexible y abierta.

Lo mismo ha sucedido con otras doctrinas a través de los tiempos, al menos en la práctica, ejemplos son la "Guerra Santa," la pena de muerte, la eliminación física de herejes y, en el caso de Latinoamérica, donde la Iglesia Católica fue una de las instituciones más esclavistas del continente, e inclusive estuvo directamente involucrada en la esclavitud.

Por otro lado, será necesario hacer una crítica respecto a uno de los objetivos básicos del trabajo eclesial, que es luchar por una sociedad más humana y más justa. Aparentemente, en niveles más superficiales, durante los siglos de su existencia la Iglesia ha luchado por el reino de la justicia y la caridad, pero a niveles más profundos y más inconscientes--en eso con la colaboracion casi total de instituciones religiosas y seculares--sirve al mismo sistema injusto e inicuo que quiere superar. Su moral familiar y sexual, por ejemplo, ha servido para santificar un tipo de relaciones humanas que perpetúan, como acabamos de ver, la injusticia y la desigualdad.

Por eso es necesario que se haga un trabajo profundo, a nivel teórico y práctico, es decir a nivel teológico y pastoral, en relación a los puntos mencionados.

A nivel teológico, se requiere una revisión de la teología, no sólo desde el punto de vista del oprimido, sino también desde el punto de vista de la mujer. Es necesaria, por lo tanto, una revisión liberadora de la teología de la sexualidad.

Esta revisión deberá dar lugar a la creación de una nueva Pastoral, como, por ejemplo, una nueva Pastoral de la familia y la maternidad responsable, principalmente en las periferias de las grandes ciudades y centros rurales, y en los centros rurales donde viven las mujeres más oprimidas. Esta Pastoral debería ser diseñada para modificar la estructura de la familia, y también para dar a la mujer condiciones de mayor dignidad e igualdad, a fin de que, desde el nacimiento, los hijos experimenten como "natural" una relación de mutuo apoyo y mutua dignidad, que les haga entender y aceptar como "natural" una sociedad democrática y pluralista, y les haga rechazar una sociedad autoritaria, jerarquizada y desigual.

Otra vertiente de esta misma Pastoral debe ser la de crear guarderías y mecanismos de apoyo mutuo, para que sea concretamente posible la maternidad y disminuya el número de abortos. La mayoría de los abortos se hacen porque las madres carecen de medios económicos y apoyo familiar para cuidar de sus hijos. Asimismo, a través de pequeños grupos (comunidades eclesiales de base) se podría difundir una educación sexual y afectiva para hombres y mujeres, redefinir los roles sexuales dentro y fuera de la familia, la ayuda de los hombres en actividades domésticas, para así cambiar la estructura de su relación con los hijos. Si ésto no ocurre, entonces no hay por qué arrojar la primera piedra a la mujer que se hace un aborto por sobrecarga familiar y económica.

Por eso, pasamos a sugerir, para un futuro análisis teológico, la creación en nuestros tiempos de nuevas opciones en la iglesia sobre el aborto.

La doctrina tradicional, como vimos, acepta el aborto terapéutico en caso de violación. Pero el aborto puede ser consecuencia también, entre otros motivos de violencias no físicas contra la mujer: el sistema económico y la supremacía masculina. Por lo tanto, deben ser corresponsabilizados conjuntamente con la mujer que practica el aborto estos dos elementos causantes del aborto, en lo que les corresponde. Así, entre los casos extremos en que se tolera el aborto, debería situarse aquellos que ocurren por razones económicas y sociales.

Podemos citar como ejemplo, además de los que ya dimos, el caso de las empleadas domésticas de América Latina, donde las familias no quieren empleadas con hijos. La mayoría de éstas abortan por esta razón, para así poder mantener su empleo. Por eso, para que la doctrina sea coherente con la práctica, deberían ser corresponsabilizadas por esos abortos las familias que las fuerzan a abortar.

Además, en todos estos países, muchas industrias controlan el ciclo menstrual de sus obreras, y despiden a aquellas que quedan embarazadas. En este caso, también deberían ser corresponsables por los abortos cometidos los patrones que instigan este acto.

Otras veces, las mujeres abortan por no poder oponerse a los deseos de los maridos, pues éstos las abandonarían. Tal es el caso de una obrera que fue entrevistada, y que declaró:

> Cada mañana viajo en tren y quedo dos horas de pie. Estoy embarazada. A la vuelta, en la tarde, hago la misma cosa. Durante el día estoy de pie por ocho horas, entre un ruido infernal de máquinas. Y cuando llego a mi casa mi marido toma el periódico y me dice: 'Hazme la cena ahora, porque eres la mujer'. Voy a practicar un aborto, sí, porque tengo dos hijos y ya no aguanto esta situación.[27]

Otra mujer, negra, que vivía en las "favelas" de Río de Janeiro, nos dice en su declaración:

> Ya he tenido diez y nueve abortos, señora, y soy católica también. Vea nuestra choza. Ya tengo cinco hijos, y mi marido me abandonará si no hago el amor con él. Y yo necesito su dinero y su ayuda para criar a estos niños.[28]

Sabemos que estos hombres son víctimas del sistema y no son los únicos culpables de los estereotipos, que se reflejan en ellos y en sus mujeres, pero sí son culpables de no tener amor y solidaridad para con los seres que les rodean. Ellos también son corresponsables por la muerte de sus hijos.

Otro caso son los embarazos deseados y que no son posibles. Ese concepto de embarazo deseado y no deseado es un concepto que no se aplica a todas las clases sociales. En este último caso vemos a una pareja que deseaba ardientemente un hijo, pero no podían tenerlo porque ambos estaban desempleados y ya tenían otros tres hijos por criar. Más adelante, y por este mismo motivo, su relación matrimonial fue afectada.

En síntesis, para realmente abarcar todos los casos de abortos practicados, sería preciso crear al menos tres categorías más, en que el aborto no fuese considerado un crimen sólo de la mujer, sino también del hombre, de la sociedad entera, e inclusive de la Iglesia; esas tres categorías serían:

- los abortos por razones económicas,

- los abortos debidos a la opresión de la mujer en relación al hombre, y

- los embarazos deseados pero que tienen que ser interrumpidos por razones económicas y sociales.

* * * * * * *

El movimiento de liberación de la mujer en América Latina va tomando sus propios rumbos, independientemente de lo que sucede en otros continentes. Todo indica que la vanguardia del movimiento radica en pequeños grupos, pero que lentamente va tomando dimensiones masivas. Entre estos grupos es esencial la influencia de la Iglesia y las mujeres, pues éstas últimas constituyen una gran mayoría dentro de la Iglesia. Así, todo lo que pase en América Latina será por medio y a través de la Iglesia y las mujeres, o no ocurrirá. Por eso, la integración de la mujer a nivel teológico y pastoral necesita ciertas condiciones, principalmente medidas que le den el derecho al control directo de su propio cuerpo. Medidas que son ante todo políticas y no individuales y constituyen la primera condición para el éxito transformador de estos movimientos.

NOTAS

1. Banco Interamericano de Desarrollo: Progreso Económico y Social en América Latina: Informe Anual, 1986, y FMI: Informe Anual, 1987.

2. Dezelin, Jacques. *El embuste de las deudas externas y lo absurdo de los incentivos de exportación*, Ed. Espacio y Tiempo, Río de Janeiro, 1987, Capítulo V.

3. Id. Capítulo VIII.

4. Cf. Aristóteles, "La historia de los animales" y "La generación de los animales," respectivamente vols. 4 y 5 de sus *Obras completas*.

5. *Didaque*, Ed. Voces, II, 2, p. 11, Petrópolis 1970.

6. Tertuliano, *Apologeticum*, IX, PL 1271 ss.

7. Cf. Mansi, 2, 16.

8. Cf. *Didaskalia et Constitutiones Apostolorum* IX Pl I, Ed. F. Funk, Paederborn 1905, 7, 3, 2.

9. Cf. S. Jerónimo, *Epístola* 121, 4 CSEL, 56, 16.

10. Idem, *Epístola* 22, *A Eustochius* 13, CSEL 54, 160 ss.

11. Cf. CSEL 28, 2, 147.

12. Cf. *De Nuptiis es Concupiscentia*, i, 15, 17, CSEL 42, 229 ss.

13. *Decretum* 2, 32, in *Corpus Juris Canoci*, Ed. E. Friedberg, Lipsia 1879-81.

14. *Summa Theologica*, Ed. Leonina, 3, 10, 64.

15. *De Sancto matrimonii sacramento*, Venezia 1737, pp. 17, 35 ss.

16. Cf. *Theologia Moralis*, I, I, trat. II, No. 211, Ed. Gaudé 1905, Vol I, P. 182.

17. *Effrenatum*, 29 out. 1588.

18. *Apostolicae Sedis*, Acta Pio IX, V, 55-72.

19. Harrison, Beverly, *Our Right to Choose*, NY, Beacon Press 1983, p. 147 ss.

20. Williams, in Harrison, p. 147, id. ibid.

21. Id. ibid. p. 148.

22. Ed. Voces, Petrópolis 1982.

23. Cf. SEDOC. Ed. Voces, Petrópolis 1974, pp. 934-975.

24. Id. ibid. p. 965.

25. IDOC 2, *L'aborto nel Mondo*, p. 245.

26. SEDOC, pp. 174, 965.

27. *Sexualidad de la mujer brasileña: cuerpo y clase social*, Voces, Petropolis, 4a. edición, p. 260, 1983.

28. Material recogido y no publicado.

UN ASUNTO DE MUJERES

María Ladi Londoño E.

Solidaridad y compromiso es la estrategia que propone la autora en su reflexión sobre la autodeterminación de las mujeres y el aborto. En torno a éste plantea que el problema es la normativa sobre el mismo y el haber sido desconocido como derecho de la mujer.

Tras un análisis del sometimiento de la mujer, y de la parte que en éste desempeña la Iglesia, ubica la solución a la problemática femenina lejos de las decisiones de poderes oficiales y la centra en la misma mujer.

Antecedentes

Millones y millones de años transcurrieron mientras la vida evolucionaba en un proceso aún no esclarecido totalmente, hasta crear la especie humana, diferente de las innumerables formas de vida que se han dado en este planeta. El proceso lo juzgamos lento desde la limitada percepción que tenemos frente a los eventos cósmicos cuya medida en evos (1: mil millones de años) es extraña a nuestra comprensión. El espacio desconocido y sin fronteras visibles es un mudo telón de fondo para los sucesivos estados de desarrollo del primigenio al "civilizado," para las culturas que vienen y se van, las ideologías que surgen y desaparecen, los avances y retrocesos culturales en los cuales se formó el ser cuyas características son maleables y tan cambiantes que llevan a pensar si en el futuro lo *"humano"* se identificará con la intolerancia, la agresión, la incomprensión, la discriminación . . ., ¿o quizás con sus opuestos?

Como integrantes de la especie humana, las mujeres cargamos con el peso histórico de nuestra raza y sus expresiones culturales que en los siglos históricamente registrados, de múltiples formas, han tratado de invalidar nuestra capacidad para transformar y orientar el mundo en que vivimos. Ciertamente estamos lejos del largo proceso que siguió el ser humano hasta caminar en posición vertical; no obstante, a nivel de emociones y valores los cambios quizás no han sido tan radicales y hoy como ayer se dan manifestaciones de violencia, destrucción, opresión y peligros permanentes que parecen escapar a nuestras posibilidades de solución.

Dentro del ciclo de evolución cultural, el siglo XX se convirtió en escenario de un movimiento esperanzador, iniciado en luchas individuales anteriores, que poco a poco fue tomando forma en el proceso de liberación de la mujer. Sin embargo, la lucha por nuestros derechos todavía parece subversiva y muchos de ellos aún tenemos que ejercerlos clandestinamente, en especial los relacionados con la vida sexual y la decisión reproductiva. A pesar de toda normatividad y mistificación, que pretende detener, ridiculizar o descalificar el feminismo, estamos en camino de constituirnos en una fuerza socialmente activa y renovadora tanto de nuestra condición como de nuestra historia.

Es un hecho real que el entorno incierto y el vivir, causan temores y problemas que el ser humano tiende a manejar con magias, mitos y creencias, muchos de los cuales están relacionadas con el origen de la vida, la maternidad y la mujer. Algunas de ellas han sustentado prejuicios generalizados, como que las mujeres nacen para ser madres; que su naturaleza impone la reproducción; que negarse a la maternidad es patológico; que el aborto es un crimen; que no amar a los hijos es antinatural, etc., etc. Son tantos y tantos los mitos, que los conflictos de las mujeres como género, difícilmente pueden diferenciarse de los problemas de la sociedad, o sea que la mayoría de estos conflictos son creados por la cultura a la cual se pertenece. Y es aquí, en la problematización que la sociedad hace de nuestros procesos vitales, especialmente los relacionados con la maternidad, donde ubicamos el campo para nuestra acción liberadora.

Derechos reproductivos

En Latinoamérica vivimos muchas injusticias contra la población femenina, entre las cuales están el control poblacional y la penalización del aborto. La gravedad del problema que representa para la mujer el embarazo indeseado o inoportuno, no puede seguir ocultándose con intervenciones tranquilizadoras, con sentencias moralistas, con postulados médicos, o con discursos políticos. Es un problema especializado de la mujer quien inevitablemente debe vivir las consecuencias del mismo. Al parir un hijo indeseado, darlo en adopción, o practicarse un aborto, la mujer afronta ambivalencias y sentimientos de culpa socialmente inducidos y legalmente considerados. Asimismo, vive con su conciencia--tal vez no propia--formada por milenios de incomprensión hacia lo femenino, en los cuales se ha exaltado su renuncia y sacrificio, su capacidad procreativa, su obligación de amar la descendencia y especialmente olvidarse de sí misma.

Por toda esta carga cultural, uno de los momentos de la vida en los cuales se encuentra más sola una mujer es cuando vive un embarazo inoportuno o indeseado, especialmente en nuestros países donde la influencia del machismo y de las religiones, fundamentalmente la católica, volvieron impracticable legalmente el aborto; el Vaticano ha sido reiterativo en condenarlo, pero no como resultado de una doctrina del amor sino como consecuencia de su marcada misoginia y discriminación contra la mujer, a quien no acepta como igual y de la cual expresó, hasta el Concilio de Trento, que no tenía alma. Tanto la Iglesia como las demás instituciones de poder, han manipulado a la mujer por medio de valores y sentimientos-- táctica común y no ética--disminuyendo su capacidad crítica especialmente frente a su posibilidad reproductiva, que la mujer termina por sentir como incuestionable. El más claro indicador del control y sometimiento de las mujeres es la penalización del aborto, que indica maternidad por obligación social y estatal pero individual en sus consecuencias. Los efectos psicológicos de esta situación violatoria de los derechos humanos los carga sólo la mujer, y su vigencia indica una ideología masculinista que le impone subordinación, dependencia y negación de su derecho para decidir sobre la propia vida, tema que suscita controversia por cuanto suele enfocarse a través de la moral tradicional y no de la autodeterminación humana.

La decisión de interrumpir un proceso gestacional si no es deseado, u oportuno, se convirtío en un asunto que parece afectar a todo el mundo menos a las mujeres. Desde el punto de vista social e histórico han tratado de hacer claridad sobre el mismo la teología, la filosofía, la biología, el derecho, las ideologías y muchos más, ajenos a la mujer. De esta forma, el vientre femenino se ha convertido en espacio social sobre el cual dictaminan y legislan en todas y desde todas partes. Por tanto, resulta claro que las instituciones políticas, religiosas, académicas o gubernamentales no van a dar pronta solución a nuestros problemas como género. Somos nosotras las mujeres quienes tenemos que resolverlos luchando, incluso contra esos entes de poder, con intervenciones propias y concretas. Es nuestra vida, nuestra responsabilidad frente a otras vidas, nuestra soledad, nuestra ambivalencia, nuestro cuerpo, nuestro temor, nuestra capacidad de decidir, nuestra afectividad, nuestra historia, nuestro asunto muy personal. Tal vez sea preciso sentir la maternidad con todas su implicaciones, dolores y alegrías, para entender la trascendencia que tiene la decisión de tener o no un hijo. A distancia o desde otro cuerpo el asunto presenta perspectivas muy diferentes.

Responsabilidad personal y política feminista

Un verdadero sistema de libertad, favorable a los derechos humanos, respetaría la autodeterminación y responsabilidad de las personas frente a sus propias vidas. *Cuando una mujer opta por interrumpir un embarazo es por responsabilidad no sólo consigo misma, sino en especial con la descendencia.* No es necesario excusar su sentir. Si las mujeres actúan en contra de las normas, en contra de su historia y en contra de los valores de su sociedad, generalmente lo hacen por su conciencia y visión del daño personal, familiar y humano que tiene la maternidad obligada, decisión que indudablemente constituye un acto de valor y una consecuencia de poder ponderar las propias circunstancias. En otros términos, arriesgarse a decidir y afrontar una situación difícil como es el aborto, indica no sólo coraje sino gran responsabilidad humana. No obstante, cuando se habla sobre los procesos anatómicos y fisiológicos de la reproducción, es como si ésta sucediera en órganos aislados o correspondientes a seres no humanos, algo así como en úteros institucionales pertenecientes a la Iglesia, al estado, la medicina u otras organizaciones sociales.

Desde el punto de vista normativo, diferentes legislaciones encuentran razones para permitir el aborto, unas en condiciones muy específicas y otras más restringidas. Las más avanzadas, lo consideran un problema de salud--lo es--pero pocas lo consideran como un derecho de la mujer afectada, quien nunca es consultada por los organismos que debaten, estudian y legislan sobre el asunto. A las mujeres no se las toma en cuenta, a no ser por su intromisión imposible de ignorar en mitines, marchas o debates públicos, como ha sucedido en algunos países, aunque no en Latinoamérica . . . por ahora.

Invocar razones médicas u honoríficas para autorizar un aborto ha sido usual. Sin embargo, descalifica a quien vive la situación y padece sus consecuencias directas. La voluntad de la mujer, su responsabilidad y posibilidades, no se consideran motivo suficiente para que ella decida tener o no un hijo. Se le niega ser dueña de su vida y de su cuerpo. En consecuencia, el asunto del aborto no sólo nos interesa para lograr despenalizarlo, legalizarlo o realizarlo, instancias que por supuesto debemos cumplir, sino que tiene un significado mucho más amplio, de repercusiones mayores y a largo plazo. Es la lucha por la libertad de manejar la propia vida de acuerdo al íntimo sentir y a las circunstancias particulares, es la lucha por la autodeterminación, es la lucha por la autonomía, es la lucha por la maternidad, es la lucha por la propia vida y la dignidad como personas.

En nuestra región latinoamericana, excepto Cuba, el aborto es ilegal o restringido legalmente y penalizado. Las mujeres feministas que consideramos éste uno de los problemas graves y prioritarios de la comunidad, lo abordamos teóricamente haciendo reuniones de estudio, escribiendo, realizando intervenciones en los medios de comunicación, pidiendo a las autoridades gubernamentales o a las organizaciones médicas que cambien, que no se engañen ni se tapen los ojos, que afronten la realidad de salud pública y deterioro que constituye el problema del aborto legal provocado. Sin embargo, es tiempo de entender que somos nosotras mismas quienes tenemos que encontrar soluciones; si nosotras tenemos claridad, información y compromiso, podremos pasar de la etapa del reclamo, la queja o la acusación al encuentro de soluciones reales. Ya dimos el primer paso, ya sacamos el aborto del closet moral en que fue colocado para asustarnos, ya lo entendemos y asumimos. Ahora debemos encontrar alternativas para manejar el embarazo indeseado o inoportuno de manera que eviten el daño físico, social, emocional, la muerte, el daño familiar o económico.

El problema es nuestro y para toda la vida, por lo cual lo seguiremos solucionando como desde siempre lo venimos haciendo de acuerdo a nuestras condiciones, ajenas a lo que dicen quienes detentan el poder estatal y de las conciencias, especialmente en Latinoamérica. Es preciso encontrar estrategias diferentes al riesgo de muerte, de enfermedad, de culpa, de soledad, de veto, de costos superiores a las propias posibilidades ya que, como es usual, las mujeres decidimos en silencio, calladamente, con gran sigilo, en soledad y tratando de conservar el secreto. Nos arriesgamos y hacemos lo que creemos que tenemos que hacer según nuestro sentir y responsabilidad, asumiendo todos los costos, incluso la ilegalidad y la condena social.

¿Por qué resultará tan amenazante social, religiosa y políticamente la autodeterminación femenina?

Asumir la maternidad libremente es un paso de crecimiento, de respeto por la calidad de la vida, una acción que nos independiza de muchos controles externos y afirma la valoración por el ser humano. ¡Es una valentía personal!

La vida,
la duración de la vida,
la calidad de la vida,
el sentido de la vida,
están en la lucha por la maternidad libre.

La condición humana que tardamos miles de años en obtener, ¿la estaremos mejorando con nuestros comportamientos? La reiterada negativa por reconocer autonomía a la mujer y su libre maternidad, ¿estará evidenciando evolución en nuestra condición humana?

Como mujeres feministas latinoamericanas, estamos en la obligación de comprometer nuestra acción en la solución de uno de los problemas más graves de la región y del momento histórico en que vivimos, como son las condiciones en que se tiene que dar el aborto provocado. No podemos mimetizar nuestra conciencia y dormir tranquilas, mientras la desesperación y el dolor desagarran a otras mujeres, sobre todo las más pobres de nuestra sociedad. El compromiso tiene que ser con la vida de la mujer, de quien dependen muchas más. Este es un asunto femenino y nosotras tenemos que encontrar salidas quizás independientes y ajenas a los entes de poder que continúan cerrados a transformaciones humanas y a procesos de desarrollo no sexistas.

La estrategia que hemos encontrado es la solidaridad y el compromiso; las alternativas de acción son muchas y cada comunidad encontrará las propias. Conjuntamente sabremos resolver la problemática que la misma ley nos crea al obligarnos a transgredirla por legislar en contra del derecho a la libre elección de maternidad. *¡El problema es la ley, no nuestra decisión!* Definitivamente, ante la vida y salud de la mujer, lo que debe interesarnos en primera instancia no es la argumentación legal o social, sino la existencial.

La cercanía nos afirmará en el riesgo y las experiencias previas acortarán el camino. Continuemos, pues, reflexionando en torno a los asuntos de nosotras las mujeres, y de nuestras vivencias tan particulares como son la reproducción y los derechos humanos.

La diosa del fuego y del terremoto
Códice Borgia

"¿SERA QUE NO NOS CONOCEN?": MUJERES Y SACERDOTES EN SECTORES POPULARES

Rocío Laverde

Las conclusiones a que arriba un grupo de mujeres católicas de sectores populares en Colombia demuestran la necesidad de una mayor coherencia entre el mensaje cristiano de amor, tolerancia, justicia y comprensión, por una parte, y las actitudes concretas de quienes representan a esta Iglesia en cuyo Dios todas ellas creen, por la otra.

Los testimonios brindados en el taller sobre sexualidad, planificación familiar e Iglesia, y sobre todo las opiniones finalmente aventuradas, muestran la desconcertante brecha que existe actualmente entre evangelio y realidad.

Introducción

En mi experiencia en talleres de sexualidad, planificación familiar y vida cotidiana con mujeres de sectores populares, no se había confrontado la problemática religiosa, pese a que todas las participantes éramos mujeres católicas.

Para mí es claro que la posición de la Iglesia es un elemento siempre presente. Se trata de un conflicto que se presenta cuando las mujeres toman decisiones sobre planificación y aborto basadas en su situación socio-cultural y económica, en una sociedad que no les brinda ninguna seguridad social, económica y, en muchos casos, afectiva.

Si bien las participantes del taller--15 mujeres--no constituyen una muestra representativa, sus opiniones permiten evidenciar el sentir, pensar y vivir de las mujeres de sectores populares.

Antecedentes
El trabajo en los talleres indica que abordar este tema era una necesidad urgente y real. Las participantes tenían entre 17 y 55 años.

Elaboración del contenido y material
Manifesté al grupo mi inexperiencia en el manejo del tema y la dificultad de conseguir material procedente de la Iglesia que fuese comprensible para las participantes. Decidimos, por tanto, elaborar entre todas una guía que recogiera sus inquietudes, experiencias y prácticas personales como mujeres católicas.

Comentarios acerca de la experiencia
Se logró establecer un ambiente de confianza y motivación. Esto permitió conversar sobre un tema del que, según reconocieron muchas de ellas, "nunca habían hablado." La reunión generó una dinámica que permitió la participación de todas las mujeres a pesar de la diferencia de edades.

Para ilustrar lo anterior transcribo parcialmente algunos testimonios expresados, agrupados por subtemas.

Mujer-sexualidad-Iglesia Católica
- "Desde niñas nos impidieron relacionarnos con nuestros cuerpos, no podíamos tocar ni mirar nuestros genitales ni los genitales de otros

niños; el ángel de la guarda vigilaba nuestros pensamientos, palabras y obras."

- "Tuve un miedo horrible de confesarle al sacerdote que yo conocía la diferencia entre los genitales del niño y la niña. Me puso penitencia y me prohibió que se lo contara a otras niñas."

- "Con el rito de la primera comunión, se perdió toda oportunidad de conocer y tocar nuestros cuerpos."

- "En mi adolescencia siempre estaba pendiente de no salirme de la imagen de niña buena: parecerme a la Virgen María, dócil, sumisa, pura, no podía mirar a los muchachos ni corretear en la calle porque eso lo hacían las malas."

- "Mis hermanos y padres me prohibían saludar a los hombres y levantar la mirada hacia ellos porque perdía . . ."

- "Las mujeres menstruantes no podían entrar a la Iglesia porque la profanaban; tampoco podían ir a los velorios ni a los cementerios porque estábamos impuras y porque agarrábamos frío de muerto; quedábamos excluídas de la Iglesia cada mes por cinco días."

- "La Iglesia nos dividió entre vírgenes y madres y las otras, las malas y prostitutas."

- "Era pecado pasar por los sitios donde se reunían los hombres, hasta el caminar dándole movimiento a nuestro cuerpo era vigilado y criticado desde el púlpito de la Iglesia. El cura nos señalaba y nos decía que íbamos por mal camino."

- "Cuando yo quedé embarazada siendo soltera, el cura le dijo a mi madre que me echara de la casa, pues era un mal ejemplo para mis hermanas."

- "Las relaciones sexuales antes del matrimonio eran pecado inconfesable, pues los curas hasta en la calle nos recriminaban con la mirada, y nos preguntaban si lo habíamos vuelto a hacer. Eso me pasó a mí."

- "En el ambiente de violencia que vivíamos en el pueblo, el cura sólo se preocupaba de nuestra sexualidad."

- "No me explico cómo las mujeres nos hemos salido un poco de ese control y vigilancia tan opresor que ejercían los curas y lo transmitían a nuestros padres."

Otra mujer le responde:

- "¿Nos hemos salido?   ¿Acaso no estamos aquí sufriendo las consecuencias de las enseñanzas de la Iglesia?"

Al preguntarnos cómo nos conformamos en pareja y qué influencia tiene la Iglesia Católica en nuestra decisión, estos son algunos comentarios:

- "Para salir de mi casa y tener relaciones con mi novio, dentro de la familia me hubieran echado de todas maneras."

- "Porque había quedado embarazada y mi padre, si se enteraba, nos podía matar."

- "Mi familia quería que yo me casara con un hombre un poco más rico, no me dejaban salir ni a la puerta.   Yo decidí es mejor ser mala que esclava, y me volé con un muchacho vecino."

- "Cuando yo me casé, no sabía nada de nada.   Después de la ceremonia en la Iglesia mi marido me llevó para la finca.   Pasaron quince días y no lo dejaba dormir en la misma cama porque me parecía pecado.   El me llevó donde mi madre y después de hablar con ella me llamó y me dijo: mija déjelo dormir con usted. ¿No ve que para eso se casó? ¿No ve que eso es vivir santamente?"   (mujer de 35 años)

- "En el cursillo prematrimonial que hicimos en la Iglesia, nos enseñaron cómo cocinar, atender bien al marido, a los hijos, cómo obedecer pero nunca nos dijeron nada de educación sexual.   Ese tema no se tocó."

Sin embargo, pudimos apreciar que las mujeres de sectores populares expresan otros motivos por los cuales se conforman en pareja libre:

○ Porque estaban de acuerdo en muchas cosas;
○ Por embarazo;
○ Por mala situación económica en sus hogares;
○ Por salir de la casa e independizarse.

A la pregunta "¿Por qué entonces, si somos católicas, no conformamos pareja con el matrimonio católico?," comentaron:

■ "El matrimonio católico nos hace propiedad legítima de nuestros maridos: somos las señoras de..."

■ "Nos obliga a la sumisión. No nos da la oportunidad de separarnos cuando queremos o cuando no aguantamos más."

■ "Hace rato que tenía relaciones íntimas con mi novio y me daba miedo irme a confesar y que el cura empezara a investigar."

A la pregunta: "¿Cómo nos sentimos ante la planificación familiar y el aborto como mujeres católicas?," se manifiesta silencio, y cautela para empezar a plantear las experiencias personales, aunque todas expresan que alguna vez han intentado planificar y algunas han vivido experiencias de aborto.

■ "La Iglesia prohíbe los anticonceptivos y sólo permite el método natural, pero ese no lo conocemos, tampoco ellos que lo recomiendan se toman el trabajo de explicar."

■ "¿Cómo lo van a explicar si ellos no tienen pareja ni hijos?"

■ "Yo creo que la Iglesia no se preocupa de la planificación, porque no es su problema. Para la Iglesia es mejor que tengamos muchos hijos porque así nos mantiene esclavizadas y aumentan el número de católicos de estos pueblos."

■ "Las mujeres somos las que llevamos los hijos a la Iglesia, el hombre no se preocupa de transmitir las enseñanzas religiosas."

■ "Las mujeres somos una fuente de ingresos económicos para la Iglesia: construimos con nuestro trabajo las Iglesias, pagamos diezmos, damos las limosnas."

Y agregan: "Si los sacerdotes no se enteran de cómo vivimos, están tan lejos de la realidad social y económica de estos barrios, ¿cómo van a interesarse por nuestros problemas?"

Como la discusión se está alejando de lo testimonial, reflexionamos sobre la dificultad del tema planteado y decidimos utilizar un recurso metodológico: vamos a relatar la historia real de una mujer que necesita abortar. Es bien acogida la propuesta.

Esta es la historia:

Mariela, mujer de 28 años, analfabeta, tiene cuatro hijos: el mayor, 7 años, tiene problemas de ceguera; la segunda, 6 años, es "normal"; el tercer hijo tiene 3 años; y la última, una niña de 20 meses, nació con labio leporino. Los médicos que atendieron el último parto le dijeron que tenía problemas genéticos y que era mejor hacerle la ligadura de trompas. Ella y su marido aceptaron.

Pedro, el marido, está en la cárcel hace 3 meses; ella está sola en su rancho, sólo puede salir a trabajar llevándose la niña pequeña algunos días, pues no tiene quien le dé para la comida. Hace un mes que se dio cuenta que estaba embarazada, fue al hospital y le dijeron que eso pasaba algunas veces que fallaba la ligadura. Ella está desesperada y contempla la posibilidad de un aborto. Fue a la cárcel y consultó con su marido. Pero como mujer católica, le tiene miedo y se siente muy mal ante lo que va a hacer. Sabe lo que dice la Iglesia Católica y a pesar de su situación económica, lo que más le atemoriza es el pecado.

Las mujeres comentan:

- "Yo también tuve una situación igual; cuando tuve que decidir, me parecía horrible saber que iba a matar a mi hijo (tenía dos meses de embarazo). Pensé, '¿Ya será personita?' Pero yo y mis hijos que están sufriendo también somos personas."

- "Me dio mucha tristeza conmigo misma cuando tuve que abortar, pues siempre me dijeron que la misión de la mujer era tener los hijos que Dios le mandara, pero no podía con más carga." (mujer de 25 años y cuatro hijos)

- "Eso que plantean los sacerdotes, y más cuando viene el Santo Padre, de que abortar es un crimen, me dejó muy confundida. Pero yo pensé, ¿no será más crimen traer hijos al mundo para pasar miserias, aguantar hambre, sin ninguna esperanza de sacarlos adelante y que mi marido y yo nos reventemos tratando de trabajar para alimentar a tantos?"

- "Uno puede aguantar hambre, frío, necesidades, pero cuando tiene que abortar como me pasó a mí, lo mas difícil de vivir es saber que se está cometiendo un pecado y que Dios nos va a mirar con desprecio. Yo reflexioné y me convencí que eso era imposible, Dios no es así, o al menos no el que está en mi casa. Tal vez lo sea ese Dios que está en las iglesias ricas."

- "Como no sabemos nada del embarazo, nos dejamos contar la historia de la Iglesia: que el niño se forma desde el momento de la relación. Y la Iglesia misma se encarga de mantenernos en esa ignorancia, porque en la escuela no nos enseñan."

Para concluir el taller decidimos elaborar un documento entre todas que recogiera las cuatro horas de discusión reflexiva. Llegamos a los siguientes puntos indispensables para una próxima reflexión.

La Iglesia Católica está muy lejos de las mujeres de sectores populares:

- En nuestros barrios no hay ni iglesias ni capillas.
- Los sacerdotes que vienen a estos barrios son más trabajadores sociales que pastores evangelizadores.
- En el centro de la ciudad hay una iglesia cada dos cuadras. En los barrios de los ricos hay una iglesia moderna. *Nosotras tenemos otras necesidades urgentes: guarderías, puestos de salud, escuelas.*
- Cuando necesitamos un apoyo moral y espiritual, no encontramos en la Iglesia apoyo ni comprensión a nuestros problemas.

Por lo tanto, concluimos que cuando las mujeres decidimos sobre nuestro cuerpo a partir de lo personal, frente al entorno social, no deterioramos nuestra relación con Dios.

Conclusiones

"Nosotras, mujeres católicas, que habitamos en sectores populares de la ciudad de Cali, creemos en un Dios todopoderoso, sabio y bondadoso; que comparte con nuestras familias las penurias del quehacer cotidiano. Con El conversamos mientras lavamos las ropas ajenas para ayudar a mitigar el hambre de nuestros hijos; El es la esperanza para que nuestros maridos consigan un trabajo estable; en los duros inviernos, cuando las lluvias forman arroyos que inundan nuestras viviendas y nos quedamos sin nada, El está presente alentándonos para volver a empezar. ¿Cómo vamos a creer que ese mismo Dios, que nos hizo hombres y mujeres para juntarnos, querernos y tener hijos, nos va a castigar cuando decimos 'no queremos' ni podemos traer más hijos al mundo? ¿Acaso El no sabe de nuestra ignorancia? Muchas de nosotras no sabemos leer ni escribir, no conocemos nuestros cuerpos, no sabemos cómo evitar los embarazos.

"Cuando el Santo Padre de Roma viene a estos pueblos, los sacerdotes vuelven a hablar de crimen, pecado y maldición para las mujeres que dicen *NO.* ¿Será que no nos conocen? ¿Será que lo que quieren es que no volvamos a amar a nuestros maridos? Porque ellos no nos han enseñado a amar sin procrear.

"En los barrios donde vivimos no hay iglesias ni capillas. Para los bautizos de nuestros hijos tenemos que esperar años, los sacerdotes no van ni a los oficios de difuntos, ¿cómo entonces nos van a comprender? Creemos que nuestro Dios no es tan injusto. Sabemos de muchas mujeres que en el desespero de no poder responsabilizarse de otro hijo, sin tener techo, alimentación, sin servicios de salud ni educación, y sin tiempo para poderlo atender, exponen su vida en manos de comadronas y médicos clandestinos; por la vida de estas mujeres nadie dice nada.

"Por ese Dios nuestro, bueno y humano, queremos una Iglesia comprensiva y justa, que no nos margine y oprima, que se acerque más a nuestro vivir cotidiano para que nosotras y nuestras familias sigamos siendo católicas."

La diosa anciana
Códice Vaticano

EPILOGO

Frances Kissling

Este libro representa un primer paso en el largo camino que las mujeres de fe latinoamericanas están recorriendo. Estas mujeres están desenmarañando la verdad histórica de una jerarquía de la Iglesia Católica atrapada en su antiguo odio a la mujer y, por ese odio, incapaz de reconocer la capacidad que las mujeres tienen para tomar decisiones acertadas acerca de cuándo y si es que deben tener hijos. En ninguna otra materia se evidencia más esta desconfianza hacia la mujer, que en la posición de la Iglesia frente al aborto.

Recientes pronunciamientos papales sobre el aborto hacen creer a los católicos de América Latina--y del mundo--que la oposición de la Iglesia al aborto no tiene nada que ver con el punto de vista de ésta sobre la mujer o la sexualidad. Los líderes de la Iglesia sugieren--o afirman abiertamente--que los fetos son *personas*, y que tienen un derecho absoluto a la vida; por lo tanto el aborto es un asesinato. Esta es la razón, dicen, de la actual prohibición de la Iglesia de cualquier aborto, sea cual sea el período del embarazo o la razón, aun la de salvar la vida de la mujer embarazada.

Pero las mujeres católicas, aún aquellas que no tienen el beneficio de conocer el excelente resumen hecho por Rose Marie Muraro sobre historia de la posición de la Iglesia en esta materia, tienen razón para dudar de estas afirmaciones.

Porque estos líderes eclesiásticos han sobredimensionado la certeza con que la Iglesia mantiene tal posición. Hace tan poco como el año 1974, en la Declaración del Vaticano sobre el Aborto Intencional, emitido por la Congregación Vaticana de la Fe, el magisterio admitió que la personería del feto no podía ser determinada por la ciencia o la medicina. Es, dijeron, una cuestión puramente teológica . . . una cuestión teológica sobre la cual los teólogos de la Iglesia aún no se han puesto de acuerdo. Una cuidadosa revisión de recientes y autorizados enunciados de la Iglesia sobre el aborto, inclusive enunciados del Papa, no contradicen esta duda. Todos estos enunciados condicionan sus afirmaciones al decir "el aborto es el *equivalente* del asesinato," o "el feto debe ser tratado como *si fuera* una persona."

Esta duda acerca de la condición del feto es crítica para comprender cómo uno puede ser *Católico* y apoyar el derecho de la mujer a tomar su decisión acerca si debe o no tener un aborto. Porque la Iglesia tiene una doctrina católica tradicional que aplica cuando existe duda acerca de una cuestión moral--la Teoría del Probabilismo.

Decisión en manos propias

Los teólogos desarrollaron el Probabilismo en el siglo 19 cuando el crecimiento del protestantismo resultó en el derrumbe de un riguroso consenso sobre cuestiones morales. La gente quería saber cuándo podían, en buena fe, tomar una posición liberal de disenso con respecto a una enseñanza tradicional.

La Iglesia aceptó el punto de vista de los teólogos que una dudosa obligación moral no podía ser impuesta como si fuera certeza. "Dónde hay duda, existe la libertad." (Ubi dubium, ibi libertas) fue el principio cardinal del Probabilismo.

El teólogo católico Daniel Maguire, profesor de Teología y Etica en la Universidad de Marquette, ha hecho mucho para educar a los católicos de hoy acerca de la relevancia del Probabilismo con respecto al aborto. Escribe:

El Probabilismo significa que en última instancia la decisión moral está en manos de uno mismo. La probabilidad surge de la intuición propia o de los expertos confiables. No depende, por lo tanto, del permiso de las autoridades. En la práctica el disenso privado no fue visto con buenos ojos por la Iglesia, aunque la teoría del Probabilismo explícitamente lo permitía. El juicio paternalista vigente era que el laico no tendría la perspicacia para llegar por sí mismo a las opiniones probables.

Dada la importancia que el Probabilismo dio a la conciencia individual en la Iglesia Católica, es lamentable, pero no sorprendente, que el Probabilismo no fue predicado a diestra y siniestra, ni fue incorporado a la enseñanza catequística de la mayoría de los católicos.

Pese a todo, el Probabilismo permanece "en los libros" y es, de hecho, esencial a la integridad del catolicismo. Sin algún tipo semejante de posibilidad de corregirse, la Iglesia podría permanecer encerrada en un consenso erróneo que precluya un remedio de disenso correctivo. Por ejemplo, alguna vez fue consenso que no era moral aceptar préstamos a interés.

Una última importante lección del Probabilismo es ésta: ningún debate moral--y esto incluye el debate sobre el aborto--está más allá de una solución probabilística. Citando al padre Henry Davis: "El mérito del Probabilismo es que no existen excepciones de ninguna especie a su aplicación; una vez que se da una razón realmente probable para la legalidad de una acción en un caso particular, aunque razones contrarias pueden parecer más fuertes, no existe ocasión en que no se pueda actuar según la buena razón probable que he encontrado.

En base a los escritos teológicos es razonable llegar a la conclusión que hay más de una posición católica legítima sobre el aborto. Existe una enseñanza del magisterio que prohibe todo aborto, pero ésta compite con las opiniones de respetables teólogos, algunos de los cuales permitirían abortos solamente en condiciones en que la vida está amenazada; otros aprueban el aborto por una amplia gama de razones sociales y médicas.

¿Por qué, preguntan la mujeres católicas, este conocimiento les ha sido ocultado?   ¿Por qué, realmente, cuando las mujeres necesitan tan desesperadamente tomar decisiones buenas y fieles acerca de embarazos, la Iglesia les limita tan cruelmente su información a un "no" simplista y duro?

Los hombres y la guerra justa

¿Por qué, preguntamos, la Iglesia permite a los hombres realizar juicios morales sutiles acerca de matar en la guerra?   Les provee con la teoría de la "guerra justa."   Pueden ir a la guerra a matarse--y matar a mujeres, y niños y fetos--no sólo en defensa propia, sino también para proteger la integridad nacional, ideologías políticas o valores más grandes que la vida misma.   No existe, sin embargo, una teoría del "aborto justo."   El Papa nos dice que las mujeres cuyas vidas están amenazadas no se pueden defender; que mujeres que han sido violadas no pueden proteger la integridad de sus cuerpos y que las mujeres que aman a sus niños ya nacidos, o que tienen planes importantes para el futuro no pueden valorar a éstos más que a la personalidad *potencial* del feto.

De esta analogía extraemos mayor evidencia de que la oposición de la Iglesia al aborto no está fundada en su ética sobre el hecho de matar sino más bien en su ética de la sexualidad y la mujer.   Esta ética se caracteriza por su hostilidad histórica y contemporánea, aún por su odio, a la mujer, al cuerpo y a la sexualidad.

Los primeros cristianos consideraron la sexualidad como una distracción del propósito del hombre que era la devoción por la vida espiritual.   Las mujeres y sus cuerpos eran vistos principalmente como una fuente primaria de tentación.   A las mujeres se las ordenaba no solamente cubrirse, sino hacerse lo menos atractivas posible: "el buen parecer debe ser temido por el daño y la violencia que infligen al hombre que os mira."   El cuerpo era visto como un impedimento para adorar a Dios.   Observen a San Jerónimo pidiendo "Sacadme de este cuerpo para que entonces pueda bendecir al Señor nuevamente."

Cualquier tipo de actividad sexual--aún en pareja casada--era vista como degradante y animalesca.   Solo podía ser redimida por la procreación.   Aún el placer debía ser evitado. Los primeros padres de la Iglesia trataban asuntos sexuales con frecuencia. San Ambrosio escribe "la virginidad es la única cosa que nos separa y nos mantiene apartados de las bestias." San Jerónimo exhorta a una viuda rica que piensa casarse nuevamente "Has probado la hiel más amarga, ¿cómo puedes volver a eso como un perro que vuelve a su propio vómito?"

En el siglo 17 sacerdotes teólogos desarrollaron "guías" sobre cuándo las parejas casadas podían tener relaciones sexuales: ¡no era posible durante el embarazo, la menstruación o el período de lactancia, tampoco durante Cuaresma o Adviento o días de ayuno, ni antes de la comunión y nunca en domingo, miércoles o viernes!

Desconfianza de la mujer

Tan recientemente como en el siglo 19, el Vaticano estaba preocupado por el tema de si el acto sexual entre casados se podía llevar a cabo sin estar cometiendo al menos un pecado venial.

En toda instancia, este miedo a la sexualidad estaba acompañado de desconfianza y culpabilización de la mujer. El pecado de Eva había marcado para siempre a la mujer como tentadora. El precio del pecado de Eva--que se llegó a ver como el placer sexual--es el dolor del parto. La localización del pecado original era el canal de nacimiento.

Esta desconfianza hacia la mujer no es sólo una parte de nuestra historia, sino una realidad para las mujeres en la Iglesia actual. Sobrevive en la prohibición a los contraceptivos y al aborto, en la negación de ordenar mujeres al sacerdocio.

Quizá la más reciente manifestación de esta desconfianza se puede ver en el documento papal--*Mulieris Dignitatem*--de Juan Pablo II. Este documento afirma dar el fundamento teológico y antropológico de la posición de la Iglesia con respecto a la mujer. Mientras repite su prohibición de ordenar mujeres al sacerdocio, lo que es más inquietante de este Papa es su "visión" de la mujer. Es un concepto del romanticismo victoriano; una vez más estamos definidas por nuestra biología. Sólo dos caminos se nos abren: ser vírgenes o madres. Nuestro valor no es inherente a nuestra persona humana, sino está enraizado en nuestra capacidad de dar a luz.   Nuestra sexualidad está una vez más limitada a la alternativa procreación o negación.   Solamente los hombres que no tienen una verdadera experiencia de igualdad con las mujeres nos pueden ver de esta manera.

Documentos como éste, publicado en 1988, son profundamente desalentadores para las mujeres en la Iglesia. Nos llevan o a dejar la Iglesia o a unirnos con mujeres que tienen un punto de vista similar en el movimiento Mujer-Iglesia. En Mujer-Iglesia nos unimos para celebrar nuestras vidas, para estudiar y trabajar por el cambio en la Iglesia institucional.

Este libro surgió de ese movimiento.

Las autoras brindan una historia parcial de los esfuerzos de las mujeres por crear un espacio para sí mismas en la Iglesia, y lo hacen desde una perspectiva feminista y de liberación. Estamos todas motivadas en primer lugar por un compromiso con el bienestar de las mujeres, particularmente las pobres y marginadas. Cada una coloca a las *mujeres*, y no a los fetos, en el centro de la cuestión del aborto. Valoran la experiencia de las mujeres como el punto de partida para hacer ética, como en los testimonios de Rocio Laverde; aplican un análisis feminista crítico a la historia como en los trabajos de Sylvia Marcos y Ana María Portugal; y finalmente proveen un modelo alternativo positivo para tomar decisiones saludables, como en los artículos de Cristina Grela y María Ladi Londoño.

Mucho más queda por hacer. El tiempo ha llegado para que la Iglesia reconozca la sexualidad como buena, saludable y santa, y a las mujeres como agentes morales competentes.

La diosa que ha de dar a luz gemelos
Códice Bolonia

ANEXOS

NUESTRA HISTORIA
LUCHANDO POR UN DERECHO . . .

En los últimos diez años la lucha por la anticoncepción y el aborto libre y gratuito, si bien no ha figurado en primer lugar dentro de la agenda feminista latinoamericana, ha tenido momentos importantes aunque sin continuidad. Esta breve cronología intenta ser un recuento, seguramente no del todo completo, de las acciones protagonizadas por mujeres de países que como Brasil están hoy día a la cabeza de esta lucha.

1977
Colombia. *Socorro Ramírez*, candidata feminista del Bloque Socialista a la presidencia de ese país, levanta la consigna del aborto libre y gratuito dentro de su plataforma de gobierno.

Perú. En una conferencia de prensa el grupo feminista *"Acción para la Liberación de la Mujer Peruana"* (Alimuper), da a conocer un pronunciamiento a favor de la legalización del aborto y por el acceso a la anticoncepción.

1978
México. Frente al monumento de "La Madre," el grupo feminista *"La Revuelta"* organiza un mitin con la escenificación de una pieza teatral sobre el aborto.

1979
Diversos grupos feministas de América Latina se adhieren al *"Día Internacional de Acción"* propuesto por *ICASC* (International Contraception, Abortion, Sterilization Campaign). Durante la jornada (28 de marzo) se realizan marchas, foros y conversatorios, para levantar las consignas del derecho al aborto, a la contracepción y contra la esterilización forzada, bajo el lema: *"Las Mujeres Deciden."*

México. *El Movimiento Nacional de Mujeres* realiza una marcha de enlutadas y deposita una ofrenda floral en el monumento a "La Madre," en recuerdo de las madres muertas por abortos clandestinos.

Colombia. Las feministas realizan la primera manifestación a favor de la legalización del aborto.

Venezuela. El grupo feminista *"La Conjura"* organiza un debate presentando, ante un auditorio de tres mil personas reunidas en el Parque Central de Caracas, el libro *El Aborto en Venezuela* de Giovanna Machado.

Perú. El grupo feminista *"Acción para la Liberación de la Mujer Peruana"* (Alimuper) hace un llamado a la acción solidaria internacional para presionar al gobierno a que reabra los consultorios de planificación familiar que fueron cerrados por presión de la Iglesia Católica.

México. La *Coalición de Mujeres Feministas* y el *Frente Nacional de Lucha por la Liberación y los Derechos de las Mujeres* presentan a la Cámara de Diputados, su proyecto de ley sobre Maternidad Voluntaria. El proyecto es discutido por el Grupo Parlamentario Comunista quien posteriormente presentó de manera oficial una versión del mismo.

1980
Brasil. En Río de Janeiro, grupos feministas como el *Centro de la Mujer Brasileña*, *Colectivo de Mujeres*, *Sociedad Brasil-Mujer* entre otros, realizan una protesta pública contra la prisión de mujeres por aborto.

A su vez los grupos de Sao Paulo: *Asociación de Mujeres*, *Grupo Nosotras*, *Centro de la Mujer Brasileña*, envían una nota de protesta, pidiendo la despenalización del aborto.

1982
Brasil. La campaña por el aborto libre y gratuito iniciada por el Movimiento Feminista en 1980 cobra ímpetu durante el proceso electoral brasileño. Algunos candidatos discuten sobre este pedido y es incorporado en las plataformas de gobierno de los partidos de oposición.

1983

Brasil. Durante el primer Encuentro Nacional sobre *"Salud, Contracepción y Aborto,"* se da a conocer un Manifiesto sobre *"Planificación Familiar y Aborto en Brasil,"* exigiendo la "creación de condiciones políticas, económicas, sociales, culturales y jurídicas que permitan a la mujer el control de su propio cuerpo . . ."

En Río de Janeiro el día 22 de septiembre es declarado *"Día Nacional de la lucha por la legislación del aborto."* Este fue un acuerdo tomado por 57 grupos feministas asistentes al Encuentro sobre *"Salud, sexualidad y el control natal."*

1984

Brasil. *El Consejo de la Condición Femenina* del Estado de Sao Paulo, pide que se garantice a la mujer la práctica del aborto.

Es rechazado en la Comisión de Constitución y Justicia de la Cámara de Diputados, el proyecto de ley presentado por la diputada feminista *Cristina Tavares*, que ampliaba las indicaciones para la práctica abortiva.

1985

Uruguay. Un diagnóstico elaborado por la *Concertación de Mujeres* revela que se practican en el país entre 100 a 150 mil abortos anuales (una de las cifras porcentuales más altas del mundo). Con este motivo se plantea realizar un debate nacional con miras a iniciar una campaña a favor de la legalización del aborto.

Brasil. El gobierno del Estado de Río de Janeiro, aprueba el proyecto de la diputada feminista *Lucía Arruda* que establece la obligatoriedad de atención médica para la práctica del aborto en la red de servicios de salud del Estado, en los casos previstos por la ley. Sin embargo, al poco tiempo la ley es revocada por presiones del gobernador Brizola y de la Iglesia Católica. Con este motivo Arruda hace un llamado a las mujeres para que se movilicen.

1986

Brasil. Durante el Encuentro *"Mulher y Constituyente"* se lanza la *"Carta de las Mujeres a la Asamblea Constituyente"* donde se pide "libertad de opción en la maternidad, garantizándose tanto la asistencia pre-natal, parto y post parto, como el derecho de evitar o interrumpir la gravidez."

1987

Perú. El *Movimiento Feminista* se pronuncia por la despenalización del aborto, ante la existencia de un proyecto de ley presentado por el partido del gobierno en la Cámara de Senadores, para modificar el Código Penal en lo referente al aborto. Este proyecto es considerado por las feministas "contraproducente" porque oculta la realidad del aborto en el país.

Brasil. El *Movimiento Feminista* inicia una campaña para recolectar 30 mil firmas a fin de presentar a la Asamblea Constituyente una enmienda que garantice el derecho al aborto en los primeros 90 días de gravidez, además de otras medidas de atención de salud.

México. Las mujeres del *Taller de Antropología de la Mujer* de la Universidad Autónoma de Puebla hacen un llamado a las mexicanas para que retomen la campaña por la maternidad voluntaria iniciada años atrás y que está interrumpida, a raíz de una serie de acciones represivas emprendidas por las autoridades del Estado de Puebla.

Costa Rica. Las feministas participantes en el Pre-Taller *"Problemas y Estrategias frente al Embarazo Indeseado en América Latina,"* organizado por la Fundación *"Sí Mujer"* de Colombia y por la *Coalición para la Salud de la Mujer de Estados Unidos*, plantean la lucha por la despenalización y legalización del aborto, y la creación de una red informativa a nivel continental.

TALLER PATRIARCADO E IGLESIA
II Encuentro Feminista
Latinoamericano y del Caribe
(Lima, Perú 19-22 de julio de 1983)

Este taller fue planteado en los siguientes términos:

¿Cómo los mitos religiosos patriarcales han deformado nuestra identidad como mujeres? Virginidad - Castidad - Prostitución.

Religiosidad de la mujer popular y sumisión. ¿Cómo liberarnos de las influencias opresivas religiosas y culturales tan arraigadas en América Latina?

Este es el documento entregado por el grupo al término del taller:

Las participantes en el Taller Patriarcado e Iglesia integramos el grupo más como femenistas que como creyentes. Estamos conscientes de que la Iglesia juega un papel decisivo, fundamental en la situación de sojuzgamiento de la mujer en América Latina e incide en la vida de la mujer tanto creyente como no creyente. La Iglesia legítima situaciones de desigualdad y opresión en la familia y en la sociedad en general a través de las relaciones Iglesia-Estado e Iglesia y organizaciones de la sociedad civil.

Creemos que el movimiento feminista, con el que estamos tan identificadas, no podrá avanzar si no incorpora a su perspectiva de acción y a su quehacer una profundización crítica que permita entender que todo análisis feminista requiere explicitar la influencia de lo religioso en la estructura patriarcal que se nos impone desde el seno maternal y se acentúa en cada momento decisivo en nuestras vidas.

Asimismo, podemos afirmar que todo teólogo que pretende contribuir a la busqueda de una sociedad latinoamericana más justa y fraterna no estará dando un aporte real a la liberación latinoamericana si no incorpora a su reflexión la problemática de la mujer.

Nuestra preocupación se ha encaminado también a la búsqueda de nuevas expresiones religiosas liberadas de atavismos patriarcales. Este esfuerzo creativo incorporado al Movimiento Feminista será indudablemente, un aporte a la búsqueda común de una auténtica identidad de mujer.

Estrategias

1. Asumir la crítica a la Iglesia a nivel personal y social desde una óptica feminista.

2. Denunciar las formas en que la Iglesia en su esquema patriarcal oprime y menosprecia la sexualidad de la mujer.

3. Promover grupos de reflexión que permitan a la mujer descubrir su identidad y conocer las causas que generan y mantienen su situación de sojuzgamiento en la sociedad.

4. Estimular la producción teológica de mujeres cristianas comprometida con la mujer pobre en América Latina discriminada por su sexo, raza, clase social, etc.

5. Fomentar y estimular, con la urgencia que el momento histórico exige, la solidaridad entre mujeres para superar divisiones impuestas por el sistema patriarcal que debilitan la liberación de la mujer.

6. Propiciar un diálogo a todo nivel que ayude a desbloquear posiciones patriarcales y permita una mayor comprensión de la situación de la mujer en la Iglesia y en la sociedad latinoamericana.

ARGENTINA:
Encuentro Latinoamericano de Teología desde la Perspectiva de la Mujer

Del 30 de octubre al 3 de noviembre de 1985 se encontraron en Buenos Aires, Argentina, mujeres cristianas de nueve países de Latinoamérica y el Caribe para compartir y reflexionar sobre su práctica pastoral en el mundo de los marginados, de los oprimidos, de los pobres y creyentes de América Latina.

El objetivo del Encuentro fue profundizar, a la luz de su propia praxis pastoral y social, su quehacer teológico y su lugar dentro de las diferentes iglesias.

El Encuentro fue ecuménico (asistieron pastoras luteranas, metodistas, presbiterianas y católicas) e interdisciplinario (teólogas, trabajadoras sociales, sociólogas, y especialistas en varias disciplinas).

En el documento final del Encuentro expresan la alegría que les produjo el encontrarse y poder compartir, desde la óptica de la mujer, los aspectos de la riqueza teológica de sus distintos quehaceres. Reconocen que, a pesar de una gran diversidad, encontraron características comunes.

La percepción común de la teoría teológica es que ésta es:

- Integradora de las diferentes dimensiones humanas: fuerza y ternura, alegría y llanto, etc.

- Comunitaria y relacional, recoge diversas expresiones que reflejan lo vivido.

- Contextual y concreta.

- Combativa: participación en el conjunto de las luchas por la liberación de los pueblos a nivel específico y global.

- Marcada por el humor, la alegría y la celebración.

- Impregnada de una espiritualidad que refleja la condición de mujeres.

- Libre: la libertad del que no tiene nada que perder y abierta a acoger las diferentes interpelaciones y gentes.

- Reconstructora de la historia de la mujer, tanto la de los textos bíblicos como de las figuras de mujeres de nuestra propia realidad.

A continuación expresan: "Descubrimos estas características conscientes de que es el Espíritu de Dios el que nos despierta y nos mueve. El mismo Espíritu que conduce a la mujer de la desvalorización de sí misma y de la opresión vivida en su sexo hacia una búsqueda de ruptura con los viejos esquemas, a la construcción de una persona nueva (mujer-varón) y de una sociedad nueva."

Por último concluyen: "Llevamos con nosotras muchas interrogantes que alimentarán nuestras vidas y ayudarán a clarificar nuestra búsqueda."

(Reproducido por el suplemento No.5 de "Mujer en Acción" de Isis Internacional. Agosto 1986, Santiago, CHILE.)

MUJERES ACUSAN A LA IGLESIA
DE NO TOMARLAS EN CUENTA

El curso "Teología de la Liberación en el Tercer Mundo" concluyó anoche (20 de diciembre de 1986) con cargos a la Iglesia por su "pecado histórico" de marginar y aún oprimir a la mujer, y una defensa de esa doctrina que "es un encuentro con Dios al nivel de las entrañas."

Las teólogas Elsa Tamez, de México; Marianne Katoppo, de Indonesia; María Clara Bingemer, de Brasil, y Marie Bernardette MBuy, de Zaire, señalaron que la población femenina no ha sido tomada en cuenta por la jerarquía eclesiástica a pesar de representar la mitad de la humanidad.

MBuy describió la opresión de las africanas y dijo que la función "de nosotros es liberarlas" dentro de la Iglesia.

La brasileña Bingemer dijo que las teólogas están llamadas a cambiar el rostro teológico y a liberar a la mujer del Tercer Mundo.

La indonesa Katoppo dijo que la mayoría de las mujeres asiáticas son explotadas. Recurrió a la Virgen de Guadalupe para preguntar si ella quería un santuario como el que se construyó o morar en el corazón de la gente. Recordó que en Filipinas un millón de mujeres dejaron su casa para buscar trabajo fuera.

Elsa Tamez, mexicana, dijo que la mujer no ha sido sólo víctima de la marginación de la Iglesia, sino de la sociedad entera porque no ha aprovechado sus muchos valores. ¿Por qué es delicado el tema mujer-Iglesia? se preguntó. "Porque toca estructuras ... y el celibato por ahí algo ha de tener que ver."

(Reproducido por MUJER/FEMPRESS
Febrero 1987, No. 67, Santiago, CHILE)

DECLARACION DEL COLECTIVO FEMINISTA POR LOS DERECHOS REPRODUCTIVOS (Perú)

En todo tiempo y lugar a las mujeres se nos ha negado una vida y una identidad propias. Las culturas, los sistemas de gobierno, las creencias, leyes y religiones, nos colocan en la categoría de "inferiores," "diferentes" o "especiales," reforzando así la idea de que la mujer, por su "naturaleza," no es una persona.

En la actualidad, la lucha de liberación de las mujeres está enfocada principalmente a buscar su reconocimiento como personas. En la medida en que las mujeres fuimos despojadas de una identidad, de una conciencia valorativa de nosotras mismas, sentimos que una condición básica para lograr este reconocimiento es la libertad de decidir autónomamente sobre todos los aspectos de nuestra vida. Empezando por nuestro cuerpo que nos ha sido expropiado.

Y porque creemos que la esfera de la sexualidad es un aspecto fundamental para la realización humana, reconocemos que nuestra sexualidad nos fue permanentemente negada y limitada exclusivamente a la procreación, en tanto que las precarias condiciones de vida de la mayoría de mujeres en el país les imposibilita ejercer su derecho a vivir una sexualidad plena. Al mismo tiempo, la maternidad no ha significado la fuente de satisfacción que todas quisiéramos que fuera. Para la mayoría, la maternidad aparece como una imposición en la medida en que otros nos han arrebatado el derecho a decidir el número de hijos que realmente queremos tener.

Las mujeres desconocemos nuestras potencialidades sexuales en una sociedad que se rige por códigos de doble moral sexual y donde la heterosexualidad representa la única opción válida y excluyente. De esta manera se permite que el hombre ejerza libremente su sexualidad sin miedo a la censura o condena sociales, derecho que no rige para las mujeres, quienes vemos al sexo como una obligación, viviéndolo con sufrimiento y mucha culpa.

EL MOVIMIENTO FEMINISTA levanta como lucha central *el derecho de la mujer a decidir sobre su sexualidad,* derecho primordial para asumirse como persona y una manera de recuperar conciencia de validez y de legitimidad frente a ella misma y frente a la sociedad, porque creemos que las mujeres no podremos hablar de autonomía si antes no nos proponemos luchar por la recuperación de nuestro cuerpo como condición básica para constituirnos en seres humanos verdaderos.

EL COLECTIVO FEMINISTA POR LOS DERECHOS REPRODUCTIVOS se ha constituido para luchar por el derecho de toda mujer a decidir sobre su sexualidad, convirtiéndose en una instancia de reflexión y de denuncia sobre todo aquello que atente contra este derecho.

En tal sentido el Colectivo demanda:
1. El derecho a conocer nuestro cuerpo.
2. El derecho a vivir en condiciones materiales adecuadas que garanticen una sexualidad plena.
3. El derecho al placer dentro del ejercicio de opciones sexuales diferentes.
4. El derecho a poder decidir sobre tener o no tener hijos como un derecho de salud y defensa de nuestra vida.
5. El derecho a tener acceso a la información y al uso de los diversos métodos anticonceptivos para las mujeres que voluntariamente optan por la maternidad.
6. El derecho de toda mujer a la información y al uso de los diferentes métodos anticonceptivos sin distinción de edad, estado civil y situación económica.
7. El derecho a tomar la decisión de hacerse o no un aborto, lo que equivale a que el aborto no sea considerado un delito.

DEMANDAMOS también:
   Que los diferentes métodos anticonceptivos sean incorporados dentro del sistema de la Seguridad Social como medicamentos básicos.

La inclusión y participación en el Consejo Nacional de Población de las organizaciones de mujeres y de todas aquellas mujeres sensibilizadas con esta problemática, en las instancias de decisión e implementación sobre políticas de salud, demografía y educación a nivel de medios de comunicación y demás ámbitos de gobierno.

Lima, febrero de 1987
COLECTIVO FEMINISTA POR
LOS DERECHOS REPRODUCTIVOS

EMBARAZO NO DESEADO
EN AMERICA LATINA:
Un Pre-taller

"En América Latina una mujer nunca está tan sola como cuando tiene que enfrentarse a un embarazo indeseado." Con estas palabras se abrió el pre-taller "Problemas y Estrategias frente al Embarazo Indeseado en América Latina." Participaron 23 mujeres de diversos países de América Latina y del Caribe, incluyendo la Red de Salud de las Mujeres Latinoamericanas y del Caribe. El taller tuvo lugar en la ciudad de Punta Arenas en Costa Rica, un par de días antes del V Encuentro Mundial de Mujer y Salud, y fue organizado por "Sí Mujer" de Colombia y por la Coalición para la Salud de la Mujer de Estados Unidos.

El encuentro comenzó con una exposición sobre la legislación en relación al aborto en los países representados, mostrando que en algunos casos el aborto está permitido por motivos de malformación fetal, violación o incesto, o riesgo de la vida de la madre. Sin embargo, en la práctica la legislación es tan complicada que no se aplica.

La mayoría de las mujeres latinoamericanas se enfrenta al aborto en una situación de riesgo y clandestinidad. En Brasil, Colombia y Uruguay se han presentado, estos últimos años, proyectos de despenalización del aborto en el Parlamento, pero no han tenido éxito; y los partidos políticos, incluida la izquierda, han optado por soslayar el tema.

En el encuentro también se estudiaron estadísticas sobre mortalidad materna y abortos clandestinos. Aunque la confiabilidad de las estadísticas sea dudosa, especialmente en lo que se refiere a abortos clandestinos, éstos últimos son la causa principal de mortalidad materna en América Latina y el Caribe.

Se discutió además, la disponibilidad de los servicios de aborto, reconociendo que la situación socio-económica de la mujer determina su acceso a esos servicios, pero que incluso cuando reciben una atención médica eficiente, generalmente las mujeres no tienen ningún apoyo emocional del personal médico.

Al final del Encuentro el grupo discutió dos estrategias: 1) la lucha por la legalización y despenalización del aborto y 2) la provisión de servicios de salud reproductiva, incluyendo planificación familiar y abortos, de una manera más integrada que asegure la disponibilidad de servicios de alta calidad y al mismo tiempo apoyo emocional para las decisiones de las mujeres. Las asistentes reconocieron que estas estrategias son tanto políticas como sociales y que deben ser adaptadas a la realidad de cada país.

Se planteó, además:

■ La creación de una red de información entre los países participantes en el V Encuentro para analizar la problemática del aborto, y la utilización del espacio ya disponible de instituciones como Isis Internacional y Fempress.

■ Que el 25 de noviembre, en el día de "No más Violencia Contra la Mujer," el aborto clandestino se plantee como una instancia de violencia.

■ Iniciar una campaña para sensibilizar al pueblo entero sobre este tema.

(Boletín de la Red de Salud de Mujeres Latinoamericanas de Isis Internacional y del Caribe, No. 11-12, Marzo-Abril-Mayo-Junio 1987, Santiago, CHILE)

CARTA AL PAPA

Hermano Juan Pablo II:

Hace tres años que estuviste en el Perú y conociste muy de cerca la situación tan angustiosa de nuestro pueblo. Hoy, al regresar, encontrarás a un pueblo aún más empobrecido y envuelto en una incontenible espiral de violencia.

Como mujeres peruanas, agrupadas en organizaciones feministas y de trabajo con grupos de base de mujeres, no podemos dejar de expresar nuestra profunda preocupación frente a la grave crisis económica y política y cómo ésta afecta mayormente a las mujeres. Más del 25% de todos los hogares peruanos dependen totalmente del ingreso económico de la mujer. Es ella quien lleva el mayor peso para la sobrevivencia de la familia, puesto que el sistema patriarcal, tan arraigado en nuestra sociedad, carga en la mujer la mayor o casi total responsabilidad.

Conocedoras del sufrimiento de tantas hermanas nuestras que se sienten agobiadas por los apremios de una familia numerosa que sobrepasa sus capacidades físicas y psíquicas, no podemos callar frente a la incomprensión que manifiesta la Iglesia al negar a la mujer el derecho de limitar el número de hijos por medio del uso de anticonceptivos eficaces. Negarle el acceso a métodos anticonceptivos eficaces, y al mismo tiempo condenar a la mujer que recurre al aborto como único recurso, es irracional. Calificar a la mujer que quiere liberarse de la opresión de una maternidad impuesta como egoísta y licenciosa, tal como alegan las autoridades eclesiales al oponerse a la esterilización voluntaria, es injusto.

Hermano Juan Pablo: Las enseñanzas oficiales de la Iglesia en cuanto a la sexualidad no son liberadoras sino opresoras, revelando así una larga historia de discriminación y subvaloración de la mujer. La Iglesia no debe ignorar este pecado de sexismo. La Iglesia, cuya misión es estar encarnada en la realidad, no puede ignorar el sufrimiento de tantas mujeres. "La opción por los pobres" tiene que expresarse en una opción real y justa por las mujeres. Sólo así la Iglesia podrá ser fiel a su misión en defensa de la libertad, la justicia, la igualdad de todas las personas, mujeres y hombres.

Defendamos los derechos de la mujer a una vida digna y plena.

Movimiento Feminista

Grupo Autónomo de Mujeres
Grupo de Promoción de la Mujer
Colectivo Feminista de Derechos Reproductivos
Mujeres en Lucha
Grupo de Autoconciencia de Lesbianas Feministas
Círculo de Feministas Cristianas Talitha Cumi
Colectiva Pandora
Grupo de Acción Flora Tristán
Movimiento Manuela Ramos
Asociación Aurora Vivar
Colectivo de Mujeres del Nuevo Mundo
Colectivo Ser Mujer en el Perú
Mujer y Sociedad

Lima, mayo de 1987

TALLER FEMINISMO E IGLESIA
IV Encuentro Feminista
Latinoamericano y del Caribe
(Taxco, México, 18-25 de octubre de 1987)

1. Frente a la opresión y marginación que tiene la mujer en la sociedad, consideramos que las Iglesias han contribuido a mantener esta situación a través de la ideología patriarcal y de la negación de nuestra sexualidad. Es por eso que nosotras como mujeres cristianas feministas denunciamos el poder que las Iglesias tienen sobre las vidas de todas las mujeres, ya que impiden la autodeterminación de la mujer como persona.

2. Las Iglesias latinoamericanas han hecho esfuerzos en algunos sectores por llevar a la práctica el mensaje evangélico sobre la justicia social y derechos humanos. La Teología de la Liberación, partiendo de la situación de opresión que viven nuestros pueblos, ha contribuido en forma significativa a que se descubra la injusticia en que estamos inmersas, así como también la fuerza histórica de los pobres para la transformación de la sociedad. Denunciamos que la Teología de la Liberación no ha tomado en cuenta significativamente la opresión específica de las mujeres. Es por eso que hemos visto la urgente necesidad de desarrollar una Teología Feminista de la Liberación.

3. Frente al poder que las Iglesias como instituciones ejercen en nuestras vidas, se requiere de una acción constante para relativizar este poder y así liberarnos de la alienación que nosotras hemos interiorizado, reconociendo que nosotras las mujeres somos capaces de decidir sobre nuestras propias vidas. Consideramos necesario y urgente el propiciar la creación de espacios donde como mujeres podamos tomar decisiones y cuando la comunidad quiera celebrar y manifestar sus sentimientos e inquietudes nos sintamos capaces de

crear y celebrar nuestros propios ritos sin depender de los ministros, ya que como mujeres somos Iglesia.

4. Recuperar las figuras y el papel protagónico de las mujeres en la Biblia, tanto en el Antiguo como en el Nuevo Testamento, ya que son fuente de inspiración, energía y lucha para nuestra práctica cotidiana, y denunciamos cómo la Biblia muchas veces se usa para seguir oprimiendo a la mujer.

5. Urge que superemos el miedo de elaborar nuestra propia teología, escribiendo, interpretando y sistematizando nuestras experiencias en las comunidades.

6. Activar una comunicación ecuménica por medio de la creación de redes de mujeres cristianas con conciencia feminista.

Como mujeres feministas cristianas renovamos nuestro compromiso por la lucha de la mujer que es la más oprimida entre los pobres y luchamos con esperanza por una Iglesia en que no haya ni sierva ni esclava, ni rica ni pobre, ni distinción entre hombre y mujer sino que todos seamos uno. Gal. 3, 23-28.

"Talitha Cumi" se solidariza con los anhelos y expectativas de todas las mujeres en favor de una vida digna sin discriminación ni olvido.

Círculo de Feministas Cristianas "TALITHA CUMI"
Apartado 2211, Lima 100
PERU

SITUACION LEGAL DEL ABORTO EN AMERICA LATINA POR PAIS Y POR MOTIVO

PAIS	ILEGAL SIN EXCEPCIONES	LEGAL POR RAZONES ESPECIFICAS					
		Restringidas (Vida)	Amplias (Salud)	Eugenésicas Fetales	Jurídicas Violación	Sociales (Honor) y Socioeconómica	Proyectos de Legalización o Despenalización
Argentina		x	x		x		
Bolivia		x	x		x		
Brasil		x			x		
Colombia	x						xx 1975-79
*Chile	x						
Ecuador		x	x		x		
Guatemala		x					
Honduras			x				
México		x					x 1979
Nicaragua		x					
Panamá	x						
Paraguay		x	x				
Perú			x				
Salvador			x	x	x		x 1985
Uruguay			x		x		x 1985
Venezuela		x					x 1984
Rep. Dominicana	x						
Puerto Rico							
Cuba		x	x	x	x		

* Chile. A pesar de que hemos encontrado en los libros de Egilberto Placio, *Aborto en Venezuela* y Giovana Machado, *En defensa del aborto en Venezuela* de que Chile está dentro de los países que permiten el aborto pro razones específicas, el código penal de este país no lo considera.

(Tomado de la Fundación Servicios Integrales para la Mujer (SI-MUJER), Pre-Taller: problemas y estrategias para abordar el embarazo indeseado en América Latina. mayo de 1987)

BIBLIOGRAFIA

Arregui, Mariví. *Las hijas invisibles cuestionan la Iglesia.* Santo Domingo, República Dominicana: Ediciones CEDEE, 1987, 21p.

Barbieri de, M. Teresita. *Esterilización y aborto: una perspectiva desde los derechos humanos de las mujeres.* México: Edición Instituto de Investigaciones Sociales-UNAN, 13 p.

Basaglia, Franca. *Mujer, locura y sociedad.* Puebla, México: Ediciones UAP, 1983.

Busto, Asunción. *Sexualidad de la mujer: algunos conceptos.* Santiago, Chile: s.f., 17 p.

Casa Sofía. *Nuestro cuerpo, nuestra vida.* Santiago, Chile: 1987.

CIDHAL, *Cuerpo de mujer.* Tercera Edición. Cuernavaca, México: 1987, 164 p.

Colectivo Feminista por los Derechos Reproductivos. *El grito silencioso: falacias y engaños.* Lima, Perú: s.p., 1986.

Cuadernos inacabados - *Para una lógica del feminismo* - Victoria Sau, *Les, Lis, Lus* - María Jesus Izquierdo, Barcelona, España: Ediciones La Sal, 1984-1985.

de G. M. Negreiros, Tereza Creuza. *Aspectos psicológicos da condicao feminina.* Río de Janeiro, Brasil: Pontificia Universidad Católica, 1982, 48 p.

Eichenbaum, E. L. y Orbach S. *¿Qué quieren las mujeres?* Madrid, España: Ed. Revolución, 1987.

Hernández, Angela y José Rafael Sosa. *Machismo y aborto.* Tercera Edición. Santo Domingo, República Dominicana: Editorial Alas. 1985, 19 p.

Hurst, Jane. *La historia de las ideas sobre el aborto en la Iglesia Católica: una relación desconocida.* (en español) Washington, D.C., USA: Catholics for a Free Choice, s.f., 37 p.

Isasi-Díaz, Ada María. "La mujer en el ministerio ordenado de la Iglesia y la liberación humana." Rev. *Mujeres para el Diálogo.* (México) 1979. 7 p.

Leret de Matheus, María Gabriela. *Aborto, prejuicios y ley.* Ed. B. Costa amic. v. 18. México: Colección Ciencias Sociales. 1977.

Londoño, María Ladi y Olga Londoño. *Aproximación al mundo femenino.* Cali, Colombia: 1980, 48 p.

Machado, Giovanna. *En defensa del aborto en Venezuela.* Segunda edición. Caracas, Venezuela: Editorial Ateneo de Caracas, 1979, 177 p.

Maguire, Marjorie Reiley y Daniel C. Maguire, *Aborto: una guía para tomar decisiones éticas.* (en español) Washington, D.C., USA: Catholics for a Free Choice 1987, 19 p.

Marcos, Sylvia. "El síndrome femenino" en *Manicomios y prisiones,* México: Reediciones, 1983.

Motta, Vivian. *Iglesia, mujer y sexualidad.* Lima, Perú: Reproducido por Creatividad y Cambio, s.f., 21 p.

Novelo, Adriana, Isabel Molina (y otras). *El aborto en México.* México: Edición Fondo de Cultura Económica (colección Archivo del Fondo No. 57), 1976.

Rivera, Olga y Victoria Reyes. *Presencia y ausencia de la mujer en la Iglesia del Perú.* Chucuito, Puno, Perú: Instituto de Estudios Aymaras, 1982, 7 p.

Roitman, Clara. *La mujer y su cuerpo: algunos aportes para la reflexión.* Centro de Estudios de la Mujer, Buenos Aires, Argentina: s.p., 1983.

Rosas Ballinas, María Isabel. *El aborto social.* Tesis. Programa Académico de Derecho, Pontificia Universidad Católica del Perú. Lima, Perú, 1985, 140 p.

Teológica Xaveriana, "La mujer en la iglesia." Revista de la Facultad de Teología, Pontificia Universidad Javeriana. (Bogotá, Colombia.) No. 57. oct.-dic., 1980, año 30/4.

Trapasso, Rosa Dominga. *Iglesia, mujer y feminismo.* Lima, Perú: Edic. Creatividad y Cambio, 1982, 8 p.

Weisner, Mónica. *Aborto inducido: estudio antropológico en mujeres urbanas de bajo nivel socioeconómico.* Tesis. Dept. de Ciencias Sociológicas y Antropológicas, Universidad de Chile. Santiago, Chile, 1982, 226 p.

IV Congreso Internacional Ecuménico de Teología. *La mujer latinoamericana, la praxis y la teología de la liberación.* Lima, Perú: s.f., 30 p.

ACERCA DE LAS AUTORAS

Cristina Grela, uruguaya, es médica y feminista, tiene 43 años y 4 hijos. Desde hace 20 años trabaja con grupos de niños, jóvenes y padres en sexualidad. Ha atendido grupos de parejas para preparación de matrimonio sacramental. Tiene formación en ginecología y siquiatría y luego de la caída de la dictadura en su país, se integra a trabajar con grupos de mujeres organizadas en Uruguay. Se especializa como orientadora y terapeuta sexual. Participa en la dirección de la Sociedad Uruguaya de Sexología y es cofundadora de la Red de Salud de Mujeres en Uruguay.

Frances Kissling, norteamericana. Es presidenta de "Catholics for a Free Choice. Católica de toda la vida también es una feminista activa dentro del movimiento de la salud de las mujeres desde 1970, y una impulsora de acciones para mejorar la situación de las mujeres tanto en la Iglesia como en la sociedad. Como escritora reconocida ha publicado en coautoría con Ellen Frankfort: *Rosie: The Investigation of a Wrongful Death (Rosie: La Investigación de una muerte injusta).* Este libro narra la historia de la primera muerte reportada en los EEUU que fue el resultado de un aborto ilegal después del corte de fondos del gobierno federal en 1977 para abortos de mujeres pobres.

Rocío Laverde, feminista colombiana. Licenciada en Educación, trabaja con mujeres de sectores populares en áreas urbanas y rurales en el Valle del Cauca en Colombia. Tiene experiencia de ocho años de trabajo realizando Talleres de Sexualidad, Vida Cotidiana y Desarrollo Comunitario. Es además asesora de Proyecto Productivo de Mujeres.

María Ladi Londoño E., colombiana, libertaria, sensible, madre, feminista. Es psicóloga, Directora Ejecutiva de la Fundación "SI-MUJER" (Servicios Integrales para la Mujer), Apartado Aéreo 2932, Cali, Colombia.

Sylvia Marcos, psicoterapeuta e investigadora mexicana. Desde 1970 está dedicada a estudiar la situación de las mujeres en México. Ha publicado tres libros y escrito artículos sobre el tema y sobre alternativas a la psiquiatría. Ha sido conferencista invitada e investigadora de varios programas de estudios de la mujer en América Latina, Estados Unidos y Europa. Es consejera editorial de la revista "Gender and Society" en los Estados Unidos y dirige una colección de ediciones para la Editorial Fontamara de México. Forma parte del Consejo Directivo de Católicas por el Derecho a Decidir.

Rose Marie Muraro, brasilera, una de las primeras mujeres que planteó el problema de la mujer en la década del setenta en su país. Durante 18 años fue editora general de la Editorial Católica "Voces" de Brasil, junto con Fray Leonardo Boff. Ha escrito varios libros sobre la condición de la mujer y la sexualidad. Actualmente pertenece al Consejo Nacional de los Derechos de la Mujer. Tiene cinco hijos y nueve nietos.

Ana Maria Portugal, peruana. Periodista y feminista, trabaja en el Centro de la Mujer Peruana "Flora Tristán." Es integrante del Colectivo Feminista por los Derechos Reproductivos de Lima. Corresponsal de Fempress, coautora de "Ser Mujer en Perú." Comprometida con el feminismo desde 1973, ha escrito numerosos artículos y participado desde 1979 en eventos a favor de la libertad del aborto y la anticoncepción.

CATOLICAS POR EL DERECHO A DECIDIR

Católicas por el Derecho a Decidir (CFFC en inglés) es una organización educativa de los Estados Unidos de Norteamérica establecida en 1973 que apoya el derecho a una atención legal de salud reproductiva, especialmente para la planificación familiar y el aborto. CFFC también trabaja en favor de la reducción de la incidencia del aborto y del incremento de las opciones femeninas en el embarazo y la educación de los niños abogando en pro de programas sociales y económicos para las mujeres, las familias y los niños.

Creemos en:

- *Las mujeres como agentes morales*
  Las mujeres deben ser respetadas como agentes morales. Se puede confiar en que tomarán decisiones para el bienestar de sus familias, los niños y la sociedad y mejorarán su propia integridad y salud.

- *La primacía de la conciencia informada*
  Una católica(o) convencida de que su conciencia tiene la razón, pese a un conflicto con las enseñanzas magisteriales de la Iglesia, no sólo puede sino que debe seguir los dictados de su conciencia en vez de la enseñanza del magisterio.

- *El derecho a disentir*
  Las enseñanzas del magisterio jerárquico sobre temas morales relacionados con la reproducción humana, aunque serias no son infalibles. Las católicas(os) tienen el derecho a disentir de tales enseñanzas no infalibles sin temor a represalias de la Iglesia institucional.

- *Libertad religiosa*
  Los grupos religiosos en los Estados Unidos mantienen diferentes creencias tanto sobre la moralidad como sobre la legalidad del aborto. Las católicas(os) deben respetar esta diversidad de legítimos puntos de

vista. No debemos buscar una legislación que limitaría la libertad de los miembros de estos grupos religiosos de practicar su religión.

- *Justicia social*
  Los principios católicos de justicia social hablan de una opción preferencial por los pobres. Las mujeres pobres tienen derecho a una financiación pública del aborto y de la planificación familiar, así como del embarazo y de la educación de sus hijos. La negación de tal financiación es discriminatoria e injusta.

CFFC es una alternativa visible a los grupos religiosos contrarios a la libertad de escoger, especialmente aquellos identificados con la Iglesia Católica Romana.

Ofrecemos:
- Un foro para el diálogo sobre cuestiones éticas relativas a la reproducción humana.
- Un programa activo de educación y difusión en los medios de comunicación, incluyendo publicaciones, y un grupo de oradores disponibles para fines de divulgación, además de seminarios y conferencias.
- Un boletín noticioso bimensual, *Conciencia*.
- Un programa nacional de información destinados a responsables de tomar decisiones con los datos necesarios a fin de que puedan informar y así articular una posición favorable y éticamente fundada al derecho a escoger.
- Información a nivel de base a través de un programa de activistas claves, que apoyen a grupos locales con proyectos educativos y legislativos.
- Asociación con organizaciones tanto de libertad de opción como católicas(os) para incrementar el nivel de conciencia y de respuesta a las dimensiones morales y éticas de la libertad de escoger.
- Una red internacional centrada en la educación e intercambio de información.

Católicas por el Derecho a Decidir
Publicaciones

Mujeres e Iglesia: sexualidad y aborto en América Latina
ed. Ana María Portugal _____ @$8.95 = _____
Una colección de artículos por seis feministas latinoamericanas que escriben sobre las condiciones históricas, políticas, culturales, y religiosas que afectan la salud reproductiva de la mujer en América Latina.

La historia de las ideas sobre el aborto en la iglesia católica
Jane Hurst _____ @$1.00 = _____
Analiza la evolución del pensamiento católico sobre el aborto--desde su concepción como "pecado sexual" hasta la concepción del mismo como una forma de homicidio.

Un cuestionamiento ético
Kathleen Hynes, Ph.D. _____ @$1.00 = _____
Proporciona una base para el análisis de los valores en conflicto: ¿Cómo llegar a tomar una posición respecto al aborto? ¿Cómo tomar la decisión de hacerme un aborto o no?

Aborto: una guía para tomar decisiones éticas
Marjorie Reiley Maguire and Daniel Maguire _____ @$1.00 = _____
Los teólogos proveen una metodología moral en forma de preguntas y respuestas para ayudar a las mujeres a hacer la decisión sobre el aborto.

Conciencia Latinoamericana
ed. Cristina Grela _____@ $10.00 al año (gratis en América Latina) = _____
Revista de Católicas por el Derecho a Decidir, publicada cuatro veces al año.

Católicas por el Derecho a Decidir _____ gratis
Un folleto que describe los objetivos y los servicios de la organización.

TOTAL: $_____

Nombre:_____

Dirección:_____

Ciudad:_____ Estado:_____

Código Postal:_____ País:_____

Teléfono:_____

Favor de escribir los cheques a:

Catholics for a Free Choice
1436 U St. NW, Suite 301
Washington, DC 20009